Katrin Hummel, geboren 1968 in Ulm, ist
Redakteurin bei der FAZ und lebt mit ihrem
Mann und ihren zwei Kindern in der Nähe von
Münster. «Hausmann gesucht» war ihr erster
Roman. Im Rowohlt Taschenbuch Verlag
erschien außerdem «Anrufer unbekannt»
(rororo 24015).

Katrin Hummel
Hausmann gesucht

Roman

Wunderlich Taschenbuch

Neuausgabe September 2005

Veröffentlicht im Rowohlt Taschenbuch Verlag,
Reinbek bei Hamburg, Juni 2003
Copyright © 2003 by Rowohlt Verlag GmbH,
Reinbek bei Hamburg
Umschlaggestaltung any.way, Barbara Hanke/Cordula Schmidt
(Foto: Picture Press/Szczepaniak)
Druck und Bindung Clausen & Bosse, Leck
Printed in Germany
ISBN 3 499 26583 4

Hausmann gesucht

Eins Es war Freitagmorgen, und ich blickte auf meine fünffach vergrößerten Wangen.

Den Vergrößerungsspiegel muss ein Mann erfunden haben. Genau wie die Programmierfunktion des Videorecorders und die Geheimnummer der EC-Karte.

Alles Sachen, die uns Frauen in unsere Schranken weisen sollen: zu hässlich, zu doof, zu vergesslich.

Kein Wunder, dass ich gestern Abend wieder allein ins Bett gegangen bin.

Ich war mit Anna auf einer dieser Promi-Partys, die das «Stadtjournal» jeden Donnerstag veranstaltet. Hatte meinen neuen Body an, schwarz und elastisch, in dem ich problemlos nicht nur meine wonderbraverstärkten Brüste unterbringen konnte, sondern auf jeder Seite auch noch zwei dicke Wolle-mit-Seide-Stilleinlagen.

Obenrum sah ich aus, als wäre ich zwei Wochen zuvor glückliche Mutter von Drillingen geworden. Untenrum war dagegen alles beim Alten geblieben, und wenn ich nicht wüsste, dass es an der voluminösen Oberweite gelegen hat, dann wären meine nicht ausdefinierten Beine durchaus auch als Grund infrage gekommen. Genau genommen sind meine Beine nicht nur nicht definiert, sondern ein einziger Konjunktiv.

Sie sind lang und dünn, also *könnte* ich was aus ihnen machen. Dazu *müsste* ich vermutlich regelmäßig ins Fitness-Studio gehen. Dann *wären* sie wohl nach zwei Jahren immerhin so weit definiert, dass ich nicht ständig vorgeben müsste, für meine vierzehnjährige Cousine einzukaufen, wenn ich nach einer Hose suche.

Der Abend war von Anfang an ein Desaster, und ich ärgere mich jetzt noch, dass ich überhaupt ausgegangen bin. Wäre besser zu Hause geblieben und hätte mit meinem Ficus benjamina geredet. Das tue ich viel zu selten, wahrscheinlich sieht er deswegen aus, als sei er einer Tschernobyler Baumschule entsprungen.

Anna und ich waren gegen halb acht im Foyer des «Stadtjournals» und bestellten uns zwei Erdbeerbowlen. Wie jeden Donnerstag wurde ein lokaler Künstler vorgestellt, der seine Werke im Foyer aus- und sich dazustellen und die Fragen der Gäste beantworten durfte.

Eine große Rothaarige hatte den Mann so in Beschlag genommen, dass wir beschlossen, der Malerei an diesem Abend zu entsagen und schon mal in den Innenhof zu gehen, wo später die Band spielen sollte. Anna hatte eine Bekannte getroffen, so stand ich mutterseelenallein unter einer frisch erblühten japanischen Zierkirsche und fühlte mich wie eine von diesen Pralinenpackungen, bei denen die untere Hälfte leer ist – was der Käufer erst merkt, wenn er die obere Lage Pralinen aufgegessen hat und der Sache auf den Grund geht.

Frustriert verschränkte ich die Arme vor der Brust, wobei ich darauf achtete, nicht zu viel Druck auf die diversen Pölsterchen auszuüben.

«Sind die echt?», fragte eine männliche Stimme hinter mir.

Ich erstarrte. Umklammerte mein Bowleglas, als befände sich darin meine Wasserration für die Durchquerung der Wüste Namib. Ruhe bewahren, hämmerte es in meinem Hirn. Das tun alle Profis, wenn es eng wird. Mata Hari. Michael Schumacher. Helmut Kohl.

Vorsichtig drehte ich mich um. Hinter mir stand ein Mann mit erstaunlich grünen Augen und einer Bierflasche in der Hand.

«Wie bitte?»

«Ich frage mich schon die ganze Zeit, ob die wohl echt sind.»

Das war nicht zu fassen. Der Kerl war sogar so unverfroren, mich anzulächeln, während er sich über mich lustig machte.

Ich wich einen Schritt zurück. Wenn einer schon durch den

Body hindurch Wahrheit und Fälschung unterscheiden konnte, war Vorsicht geboten.

«Sie Idiot, Sie kommen sich wohl besonders originell vor, was?», fauchte ich.

Verständnislos blickte er mich an.

«Sie haben erstaunlich wenig Sinn für Humor. Das sollte der Beginn einer ganz normalen Unterhaltung sein», entgegnete er überrascht.

«Ich weiß nicht, was Sie unter einer ganz normalen Unterhaltung verstehen», antwortete ich so würdevoll wie möglich, «aber ich kann mir nicht vorstellen, dass Sie es anregend fänden, wenn ich Sie als Erstes fragen würde, ob Sie eine Penisverlängerung haben vornehmen lassen. Nicht dass es mich interessieren würde», fügte ich vorsichtshalber hinzu.

Dann drehte ich mich um, wobei ich versuchte, meinen Rücken hochmütig zu strecken. Während ich Richtung Ausgang lief, hörte ich ein schallendes Lachen.

Missmutig bedeckte ich mein Gesicht mit einer großzügigen Schicht Puder und versuchte, an etwas Erfreulicheres als den vergangenen Abend zu denken. Dummerweise fielen mir nur die acht Buttercroissants von «La Petite France» ein, die ich mir in den vergangenen vier Tagen auf dem Weg zur Arbeit genehmigt hatte und die ich heute um zwei weitere ergänzen wollte.

Bevor ich mir darüber klar werden konnte, was diese schöne Gewohnheit über mein aktuelles Liebesleben aussagte, hörte ich Annas fröhliches Summen aus der Küche.

Anna ist meine Mitbewohnerin und allerbeste Freundin, was sage ich, hätte mein Vater bei meiner Zeugung ein bisschen mehr Elan an den Tag gelegt, wäre sie die Zwillingsschwester, die ich nicht habe.

«Was war denn das eigentlich gestern Abend für ein Typ?», wollte Anna wissen, während sie Kaffee kochte.

«Keine Ahnung. Hat sich über mich lustig gemacht.»

«Stilleinlagen?»

Ich nickte. Anna und ich verstehen uns blind. Wie ein altes Ehepaar. Wir kennen einander so gut, dass wir Socken und Unterwäsche fast immer in Dreierpacks kaufen und dann untereinander aufteilen.

Ich versah einen Toast mit einer dicken Schicht Erdnussbutter und schmierte noch eine ebenso dicke Schicht Johannisbeermarmelade darüber, bevor ich gierig hineinbiss. Wenn ich so weitermachte, würde ich bald aussehen, als hätte ich mir auch die Pobacken mit Stilleinlagen gepolstert.

Anna stand unschlüssig vor dem Kühlschrank und sah mir zu.

«Willst du dich nicht setzen?», fragte ich.

«Nein. Das heißt, doch.»

Sie setzte sich und machte eine Pause, in der sie sich viel zu viel Zucker in ihren Kaffee schüttete.

Normalerweise nahm sie nicht viel mehr als 2000 Kalorien am Tag zu sich, sodass diese morgendliche Zuckerration auf eine gewisse Unkonzentriertheit schließen ließ.

«Charlotte», sagte sie schließlich und blickte mich an, als befinde sie sich auf dem Weg zu einer Ganzkörperepilation. «Ich muss dir was sagen.»

Sie zögerte, und ich nutzte die Zeit, um in Gedanken eine Liste ihrer möglichen Fehlleistungen anzufertigen. Sie könnte

1. meine Zahnbürste benutzt haben, um endlich den Kalkfleck an der schwer zugänglichen Stelle unseres Waschbeckens zwischen Wasserhahn und rückwärtiger gefliester Wand zu entfernen;

2. meine Liebesromanheftchensammlung mit der Bemerkung «Die wahren literarischen Vorbilder Ihrer Mitarbeiterin» an meinen Chef geschickt haben;

3. meine nicht vorurteilsfreie Mutter angerufen und ihr gesagt haben, dass ich seit fünf Wochen regelmäßigen Geschlechts-

verkehr mit einem Mitarbeiter der Frankfurter Wach- und Schließgesellschaft hätte.

Während ich noch überlegte, welches das geringste dieser drei Übel wäre, sagte Anna:
«Ich verschwinde. Für ein halbes Jahr. Nepal, Bangladesch, Birma, Thailand. Und dann Fidschi, Hawaii, San Francisco ...»
Anna ruderte mit dem rechten Arm, in dem Bemühen, mir die Stationen ihrer geplanten Weltreise möglichst plastisch vor Augen zu führen. Auf dem Weg von Thailand nach Fidschi stieß sie ihre Tasse vom Tisch, Hawaii brachte die Kaffeekanne zum Schwanken, und der Orangensaft blieb nur deshalb stehen, weil ich ihr mitten auf dem Pazifischen Ozean in den Arm fiel, sodass sie die Rocky Mountains ohne weitere Verluste erreichte.
«Das genügt!», sagte ich, entschlossen, ihre Unternehmungslust zu bremsen. Doch Anna redete schnell weiter, als hätte sie Angst, ich könnte sie von ihrem Plan wieder abbringen.
«Sieh mal, Charlotte», sagte sie, «wann bekomme ich jemals wieder so eine gute Gelegenheit, mich hier auszuklinken? Mit Lars ist es aus, das Examen habe ich in der Tasche, und einen Job finde ich so schnell sowieso nicht. Was hält mich hier? Und außerdem ist es ja nur für ein halbes Jahr.»
Ich überlegte. Natürlich hatte sie in gewisser Weise Recht. Als die Sache mit Lars vor ein paar Monaten auseinander gegangen war, hätte ich eigentlich schon Lunte riechen müssen. Anna hatte sich innerhalb eines einzigen Wochenendes von der sittsamen Freundin eines jungen und erfolgreichen Rechtsanwaltes in eine Art Fleisch fressende Pflanze verwandelt. Sie war unersättlich geworden und auf dem Straßenfest in unserem Viertel vor einigen Wochen selbst vor einer erhitzten Knutscherei mit dem achtzehnjährigen Sohn unserer Vermieterin nicht zurückgeschreckt. Ich weiß das deshalb so genau, weil sie es mir gebeichtet hat, als drei Tage später die erste Mieterhöhung seit Jahren auf dem Tisch lag.

Und dann das bestandene Examen. Anna war nun Geographin. Was lag da näher, als die Welt einmal genau unter die Lupe zu nehmen, bevor sie sich einen Job suchte?

Also: Sei nicht so egoistisch, Charlotte – die wenigen grauen Nervenzellen in meinem Gehirn, die noch abkömmlich waren, fanden zueinander und appellierten an ihre Kollegen, die sich bereits auf dem Pazifischen Ozean zusammengerottet hatten, um ihrer Entrüstung Ausdruck zu verleihen.

«Hauptsache, du kommst mal raus. Mach dir um mich keine Sorgen!», hörte ich mich sagen.

Dankbar grinste Anna zurück.

«Hab ich gewusst, dass du mir nicht lange böse sein würdest.» Während sie begeistert dazu überging, mir ihre Reiseroute in allen Einzelheiten zu beschreiben, begann ich, mich von Kopf bis Fuß in Selbstmitleid zu hüllen – als ginge es darum, bei den nächsten Prêt-à-oorter-Schauen in Paris in einem Mäntelchen aus Trauer und Tränen über den Laufsteg zu schreiten.

Ich würde allein zurückbleiben und die Sessel in unserer Dreizimmerwohnung im Frankfurter Nordend mit Staubschutzüberzügen versehen. Die Rollläden herunterlassen, um ein Vergilben der Tapeten zu verhindern.

Ohne sie würde ich eingehen wie ein unterversorgtes Tamagotchi. Wer würde mich mitschleppen zu den angesagtesten «Events»? Würde ich die Samstagabende damit verbringen, bei irgendwelchen Radioflirtsendungen anzurufen, um nette «Bernds» und «Thorstens» dazu zu bringen, mit mir auszugehen?

Anna ist nämlich diejenige von uns beiden, die dafür sorgt, dass es bei uns immer zugeht wie an der Rezeption eines mittelgroßen Hotels. Anrufe, Einladungen, Besucher.

Ich hingegen bin eher der Typ, der sogar in einem Autoscooter noch Mühe hätte, mit jemandem zusammenzustoßen. Jedenfalls mit jemandem, der männlich und einigermaßen attraktiv und unter fünfunddreißig ist. Die Liste meiner Exfreunde ist betrüblich kurz, und das liegt nicht daran, dass ich die letzten zehn Jahre mit ein und demselben Mann liiert gewesen wäre.

Einen gab es allerdings mal, der wollte mich gleich heiraten, aber das ist schon zehn Jahre her, und damals, mit zwanzig, war ich der Meinung, heiraten sei so ähnlich wie eine Zeitung zu abonnieren: Wenn man unterschreibt, bekommt man ein tolles Werbegeschenk und meint, man habe ein Schnäppchen gemacht. Dann verstaubt das Geschenk in der Ecke, aber die Zeitung kommt trotzdem jeden Tag ins Haus und will gelesen werden, und wenn man mal keine Lust auf sie hat und eine andere lesen will, ist sie doch immer noch da und macht einem ein schlechtes Gewissen.

Seitdem – um einige Zeitungsabos und Affären reicher – hatte ich zwar Gelegenheit, meine Meinung zum Thema Heiraten zumindest insofern zu relativieren, als ich inzwischen der Idee, jemanden zu haben, der jeden Tag da ist, und zwar selbst dann, wenn ich mit vierzig Grad Fieber und einer schweren Mittelohrentzündung im Bett liege, etwas Positives abgewinnen kann.

Allein, es fehlt an geeigneten Bewerbern. Bisweilen betrübt mich das mehr, als ich zugebe, denn ich werde schließlich nicht jünger, und langsam muss «der Richtige» her.

Meine Mutter und meine Oma meinen das im Übrigen auch, und zwar seit geraumer Zeit, und ich möchte nicht wissen, wie viel Geld sie das schon gekostet hat. Sie haben nämlich die Angewohnheit, diese Dinge beim Herrgott persönlich zu erbitten, und um ihren Wünschen den nötigen Nachdruck zu verleihen, stecken sie jeden Sonntag nach dem Gottesdienst zwei Kerzen für mich an. Doppelt hält besser, hat meine Oma mir erklärt. Sie ist dreiundneunzig und wird schon wissen, was sie tut. Nur genützt hat es bisher nichts.

«Da ist noch etwas, das ich mit dir besprechen wollte», unterbrach Anna meine Gedanken. Verlegen schaute sie an mir vorbei. Vorsichtshalber nahm ich mir eine weitere Scheibe Toast, um mich daran festzuhalten.

«Du wirst verstehen, dass ich die Miete nicht ein halbes Jahr lang bezahlen kann. Ich muss untervermieten.»

Sofort tauchten Horrorvisionen von kettenrauchenden, fußpilzbefallenen Mitbewohnern vor meinem geistigen Auge auf, ich sah Männer stehend in unser Klo pinkeln und schimmelnde Abwaschberge in der Küche.

«An wen?»

«Ich hab mal eine Anzeige aufgegeben. Erscheint morgen in der ‹Zypresse›.»

Na, immerhin war noch nichts entschieden. Da konnte ich ja bei der Auswahl noch ein Wörtchen mitreden.

«Wann fliegst du eigentlich?», fragte ich so beiläufig wie möglich und durchforstete im Geiste meinen weiteren Bekanntenkreis nach einer sympathischen, ruhigen, reinlichen Frau, die sich schon immer von ihrem Freund trennen wollte und bislang nur nicht wusste, wohin.

«In zwei Wochen.»

Ich riss die Augen auf. «In zwei Wochen? Warum hast du mir nicht früher was gesagt?»

«Ich hab mich nicht getraut.» Anna schaute betreten auf die hellbraune Pfütze zu ihren Füßen und schwieg. Dann sah sie auf ihre Armbanduhr und stand auf.

«Muss los. Zum Arzt. Hab da neulich meinen Impfpass abgegeben, wird jetzt alles rundum erneuert.»

Was soll's, dachte ich. Und außerdem hatte ich auch nicht ewig Zeit, es war immerhin Freitagmorgen, und ich hatte um zehn einen Termin bei Hammerstein, meinem Chef.

Die Redaktion lag in der Frankfurter Innenstadt und war wie ausgestorben, als ich um kurz vor zehn dort eintraf. Ich hatte noch Zeit, meinen Rechner anzuwerfen und einen schnellen Blick auf die Nachrichtenlage zu werfen.

Ich bin Redakteurin bei der «Annika», einer Frauenzeitschrift, die sich auf die Fahnen geschrieben hat, nur Reportagen, Interviews und Berichte zu drucken, die mitten aus dem Leben gegriffen sind und nicht etwa in der Glamourwelt des fernen Hollywood spielen.

In der vergangenen Woche hatte ich damit begonnen, den Fall einer Eiskunstläuferin aus Mecklenburg-Vorpommern zu recherchieren, die von frühester Kindheit an jeden Tag hart trainiert und dennoch nie irgendeinen wichtigen Preis gewonnen hatte. Vermutlich aus Enttäuschung darüber hatte sie sich vor einigen Wochen im Alter von 23 Jahren umgebracht.

Als Julius hereinkam, war ich gerade dabei, das Interview mit ihrem ehemaligen Trainer vorzubereiten. Julius ist seit zwei Jahren mein Kollege, und genauso lange sitzen wir uns schon gegenüber.

«Na, auch schon wach?», fragte ich, wobei ich mich bemühte, den Eindruck zu erwecken, als sitze ich schon seit Stunden am Schreibtisch. Das war eine Art Spiel zwischen uns, das wir allerdings nie lange durchhielten, weil jeder genau wusste, dass der andere ein mindestens ebenso großer Morgenmuffel war.

«Die U-Bahn ist stecken geblieben», sagte Julius und zuckte mit den Schultern, «da hat sich wieder jemand vor den Zug geschmissen.» Er äffte die Lautsprecheransage nach: «Sehr geehrte Fahrgäste. Wegen einer betriebstechnischen Störung wird die S 5 voraussichtlich dreißig Minuten später eintreffen. Wir bitten um Ihr Verständnis.»

«Ich habe einen Termin bei Hammerstein.»

Ich versuchte, das Thema zu wechseln, weil Julius sonst garantiert wieder anfangen würde, mir einen Vortrag über die Entmenschlichung der Sprache zu halten. Das war das Thema seiner Magisterarbeit gewesen, und obwohl er die vor zwei Jahren abgegeben hatte, bewegte ihn ihr Inhalt noch immer über alle Maßen.

«Was will er denn?»

«Keine Ahnung.» Achselzuckend erhob ich mich. «Vielleicht

will er mich ja zu seiner Stellvertreterin machen», fügte ich
dann hinzu und bemühte mich, möglichst ernsthaft zu gucken.
Dann machte ich mich auf den Weg.

Wilhelm Hammerstein saß mir gegenüber und fixierte mich einige Augenblicke lang.

«Frau Lange, ich habe eine wunderbare Idee. Tolles Thema, ist
Ihnen wie auf den Leib geschneidert.»

Hammerstein ist 53 Jahre alt, geschieden, recht attraktiv für
sein Alter und eigentlich ein netter Chef: Er lässt uns meistens
mehr oder weniger freie Hand bei der Wahl unserer Themen
und vertraut darauf, dass wir schon den richtigen Riecher für
interessante Geschichten haben. «Wofür bezahle ich Sie, wenn
nicht dafür, dass Sie Ihre Themen selbst finden?», pflegt er zu
sagen, wenn in der Redaktionskonferenz ausnahmsweise mal
niemand eine zündende Idee für die Titelgeschichte hat.

Heute hatte er die Ärmel seines Hemdes hochgekrempelt, was
mir sofort auffiel, weil er das normalerweise immer erst am späten Nachmittag tat. Er schien wirklich etwas Dringendes auf
dem Herzen zu haben.

Gespannt lehnte ich mich vor, wobei mein Blick den kleinen sil-
bernen Bilderrahmen streifte, der seit Jahr und Tag auf seinem
Schreibtisch steht. Bislang hatte darin immer ein Foto seiner
Tochter gesteckt, einer hübschen Blonden Anfang zwanzig.
Doch nun lachte mir – beziehungsweise wohl eher Hammerstein
– ein schmales Männergesicht entgegen, weiße Zähne, grüne
Augen, dunkle Locken, dezente Bräunung, kurz: ein Traumtyp.
Irgendwas an ihm erinnerte mich an den Mann mit den Röntgenaugen vom vergangenen Abend, aber ich weigerte mich, diesen Gedanken zu vertiefen. Stattdessen lehnte ich mich wieder
zurück und versuchte, wie eine fähige, interessierte und moti-
vierte Redakteurin auszusehen.

«Ich möchte, dass Sie eine zehnteilige Serie schreiben zum Thema: ‹Perfekt nicht nur im Job: Junge Männer im Haushalt›.» Er
strahlte über das ganze Gesicht.

Mit allem hatte ich gerechnet: Test der schönsten Schönheitsfarmen, Wahl der hübschesten Politikergattin, Einrichtung einer Telefonhotline zum Thema Menstruationsbeschwerden. Aber junge Männer? Im Haushalt? Zehn Teile? War Hammerstein schwul geworden? Hatte er seine Leidenschaft für lockige Jünglinge mit weißen Zähnen entdeckt? Wollte er mit Grünauge zusammenziehen und sich vorher absichern, dass nicht der ganze Abwasch an ihm hängen bleiben würde? Ich war ratlos.

«Junge Männer?», stammelte ich.

«Sie haben mich verstanden, Frau Lange.»

Hammerstein zwinkerte mir zu, und damit war die Besprechung beendet. Benommen stolperte ich zurück in unser Büro.

Julius hatte die Beine auf einen Stapel Archivmaterial gelegt, der wie ein Leuchtturm aus dem Meer an Papier herausragte, das seinen Schreibtisch bedeckte.

«Na, Charlotte, darf ich gratulieren?»

«Nein. Aber ich habe einen investigativen Auftrag an Land gezogen», sagte ich geheimnisvoll.

Fragend schaute Julius mich an. «Sollst du dich ins Rotlichtmilieu einschleichen und über die Arbeitsbedingungen im horizontalen Gewerbe schreiben?»

Ich schüttelte den Kopf und erklärte ihm, was Hammerstein von mir wollte.

«Wen soll denn das interessieren?», fragte er ungläubig.

«Offensichtlich werden wir jetzt zu einem Fachblatt für angewandte Soziologie», unkte ich.

Heute war wirklich nicht mein Tag. Erst erklärte mir Anna, dass sie die Welt erobern wollte. Und dann drehte mein Chef durch.

Um mich etwas aufzuheitern, machte ich mich daran, die neuesten Entwicklungen auf den einschlägigen Witzseiten im Internet zu checken. Doch bevor ich die erste Website aufrufen konnte, tauchte eine E-Mail von Sascha auf meinem Bildschirm auf. Sie ist eine der wenigen fest angestellten Fotografinnen bei der «Annika», und seit unserer ersten gemeinsamen Dienstreise nach San Francisco vor drei Jahren, wo uns bei einer Recherche über eine Art Frauenhaus in einem der Elendsviertel der Stadt ein Typ mit vorgehaltener Waffe genötigt hatte, alles bis auf unsere BHs und Höschen abzugeben, hatten wir eigentlich keine Geheimnisse mehr voreinander.

Sie war zwei Jahre älter als ich, war als Kind mit ihren Hippie-Eltern um die halbe Welt gereist und hatte ein Eidechsentattoo auf der rechten Schulter. Ihre Wohnungseinrichtung – sie lebte in einer recht schönen Altbauwohnung im Ostend – bestand zu vier Fünfteln aus Kartons: Etwa die Hälfte davon waren Fotokartons, in denen sie ihre Abzüge archivierte, und die andere Hälfte waren ihre Möbel. Sie besaß Stühle, Kommoden und sogar einen Tisch aus fester Pappe, die, bunt bedruckt oder auch gemasert, auf den ersten Blick wirkten wie Plastik oder Holzfurnier.

«Das gibt mir das Gefühl, jederzeit umziehen zu können, ohne fünf Möbelpacker kommen lassen zu müssen», hatte sie mir erklärt und dann zugegeben, dass sie, seit sie sich die Möbel vor fünf Jahren gekauft hatte, noch nie auch nur in Erwägung gezogen hatte, die Wohnung zu wechseln. Zu wissen, dass dies ganz leicht sein würde, hatte sie sesshaft werden lassen.

«Bin gerade aus Tokio zurück – Lust auf Tsatsiki?», hatte Sascha in 3D-Schrift geschrieben.

Zwei Stunden später saßen wir uns an unserem Stammtisch beim Griechen gegenüber, und Costas, der Besitzer, der ein Auge auf Sascha geworfen hatte, wuselte wie eine besorgte Henne um uns herum. Sascha schenkte ihm ein warmes Lächeln, wobei sie sich etwa einen halben Meter nach unten beugte, um ihm in die Augen blicken zu können, und berichtete mir gut gelaunt über ihre Fotoreportage aus japanischen Schwimmbädern: Man durfte dort nur in eine Richtung schwimmen und musste nach Erreichen des Beckenrandes das Wasser verlassen und sich an der anderen Seite wieder anstellen, weil es so voll war. Ohne Überleitung fragte sie dann:

«Und weißt du, wer auf dem Rückflug neben mir saß?»

«Queen Mum?»

«Besser.» Sie machte eine Pause und lehnte sich theatralisch vor.

«Arnold Schwarzenegger?»

«Auch nicht. Stephano.»

Ich stöhnte. Stephano war Art-Director der Frankfurter Werbeagentur, mit der die «Annika» zusammenarbeitete, und in meinen Augen ein aufgeblasenes, sonnenstudiogebräuntes Aufziehmännchen mit «Perlweiß»-Zähnen und affengleicher Behaarung unter dem goldenen Rolex-Imitat. Allerdings stand ich mit dieser Meinung ziemlich allein da, denn die meisten Frauen unter vierzig, die ich kannte, schwärmten von ihm, und ihm eilte der Ruf voraus, ein unglaublicher Liebhaber zu sein. Sascha hatte ihn vor einigen Monaten auf einem Empfang kennen gelernt und sich fünf Minuten lang mit ihm unterhalten. Seitdem behauptete sie steif und fest, er sei der attraktivste und interessanteste Mann, den sie jemals kennen gelernt habe, und ließ keinen anderen Typen mehr näher als zwei Meter an sich heran.

«Und? Benutzt er immer noch zu viel After-Shave?»

Sascha machte eine wegwerfende Handbewegung.

«Er hat mich für nächste Woche zum Sushi-Essen eingeladen, weil ich ihm erzählt habe, dass mir das Essen in Japan so gut geschmeckt hat», sagte sie mit einem seligen Grinsen im Gesicht.

«Kannst du ihn dann zufällig fragen, ob er für ein Interview mit der ‹Annika› zur Verfügung stehen würde?», fragte ich unbeeindruckt und berichtete von meinem neuesten Auftrag.

Als ich wieder an meinem Schreibtisch saß, war meine Laune schon besser. Sascha hatte sich köstlich über Hammersteins Idee amüsiert und wollte ihn fragen, ob sie die Fotos machen dürfe. Dann hatten wir auf einem Bierdeckel eine Liste aller Eigenschaften erstellt, die ein erfolgreicher Hausmann neben der Fähigkeit zum Kochen, Backen, Putzen, Waschen und Bügeln haben müsse. Folgendes war dabei herausgekommen:

1. den Unterschied zwischen Bidet und Spüle kennen;
2. wissen, ob und wann eine Frau ein Aspirin braucht, einen doppelten Whisky (oder beides), eine Nackenmassage oder die Fernbedienung;
3. das weibliche Ordnungsprinzip respektieren (alles da liegen lassen, wo es ist);
4. großzügig darüber hinwegsehen können, wenn Frau mal in Eile ist und sich die Achselhöhlen mit seinem Elektrorasierer enthaart.

Ich überflog die Liste noch einmal und fühlte mich besser. Listen geben mir das Gefühl, alles im Griff zu haben. So würde es auch mit dieser Liste sein. Also lehnte ich mich zurück und beschloss, mir mit der Antwort auf die Frage, wie ich solche Männer finden sollte, noch einige Tage Zeit zu lassen. Ich musste schließlich als Erstes ein Konzept für die Interviews entwerfen.

Zwei

Der Umschlag von der «Zypresse» kam, wie erwartet, am Dienstag.

Ich war etwas früher von der Arbeit gekommen, weil ich fand, ich sollte ruhig schon einmal einen Blick hineinwerfen und die schlimmsten Bewerbungen aussortieren. Anna hat nämlich manchmal so einen Hang zur Missionarin und will unbedingt das Beste für mich, und da unsere Meinungen diesbezüglich nicht immer deckungsgleich sind, hatte ich beschlossen, in dieser durchaus wichtigen Sache auf Nummer Sicher zu gehen.

Also schüttete ich den Inhalt des Umschlags auf den Küchentisch und zählte erst mal durch. Neunzehn Briefe. In nur drei Tagen.

Wusste gar nicht, dass der Bedarf an zeitlich befristeten WG-Unterkünften in Frankfurt so groß ist. Würde mir aber zugute kommen, weil ich dann unter den neunzehn Personen die Frau auswählen könnte, die meinen Vorstellungen am nächsten käme.

Ich nahm ein Blatt Papier und schrieb die wichtigsten Eigenschaften, die meine künftige Mitbewohnerin haben sollte, untereinander:

1. beruflich sehr engagiert (viele Dienstreisen);
2. Wochenendbeziehung (häufige Besuche beim Freund);
3. extrovertiert (großer Freundeskreis führt zu häufigem Ausgehen);
4. Kurzhaarfrisur (kurze morgendliche Verweildauer im Badezimmer);
5. Schwimmerin (restliche Körperpflege in Hallenbaddusche und Sammelumkleidekabine);
6. neurotisch um ihre Figur besorgt (würde die Nahrungszube-

21

reitung und -aufnahme in unserer Küche auf ein Minimum beschränken).

Nachdem ich alle Punkte aufgeschrieben hatte, legte ich eine kleine Pause ein und überlegte, wie realistisch es war, eine solche Frau zu finden. Mit Blick auf das Häuflein Briefe beschloss ich, dass es auch genügen würde, wenn drei der Punkte zuträfen.

Als die Weichen dergestalt gestellt waren, griff ich zu dem Brief, der ganz oben auf dem Häuflein lag. Er steckte in einem schlichten weißen Umschlag und war sehr kurz.

> Liebe Unbekannte,
> wer so selbstbewusst durchs Leben geht, wird gute Gründe dafür haben – das reizt mich. Auch ich brauche mich allerdings nicht zu verstecken: Bin attraktiv, 1,88 m groß, 33 Jahre alt, Akademiker, naturliebend und musikbegeistert. Da mein Mitbewohner seit kurzem eine neue Freundin hat und Anfang März ausziehen wird, lösen wir unsere Wohngemeinschaft auf. Daher habe ich Interesse an dem Vorschlag.
> Neugierig geworden? Dann ruf mich an!

Entgeistert legte ich den Brief auf den Tisch zurück. Das musste ein Irrtum sein. Der Umschlag war wohl versehentlich unter die anderen geraten. Ich betrachtete die Chiffrenummer und verglich sie mit denen, die auf den übrigen Briefen standen.

Sie waren identisch.

Ich griff zum nächsten Brief. Er schien ebenfalls von Männerhand geschrieben zu sein, denn die Chiffrenummer prangte in schmalen, eckigen Ziffern auf dem Umschlag. Ich zog das Blatt heraus – wie beim ersten Brief war es schmucklos und weiß – und las:

Hallo,

geile Idee. Hört sich zwar verdammt emanzipiert an, aber solche Frauen sind mir lieber als diese schnuckeligen Betthäschen. Ich bin zurzeit etwas knapp bei Kasse und daher auf der Suche nach einer günstigen Bleibe. Wenn du auch nur halb so attraktiv bist, wie du schreibst, sollten wir uns kennen lernen. Ich verspreche dir, dass du es nicht bereuen wirst.

Ich verspürte plötzlich ein dringendes Bedürfnis nach Schokolade. Das ist bei mir immer so, wenn ich das Gefühl habe, die Kontrolle zu verlieren.

Alles deutete darauf hin, dass Anna in einer guten Woche weg sein würde und mich für die Zeit ihrer Abwesenheit mit einem paarungsbereiten Single zusammensperren wollte. Oder war das Ganze nur ein dummes Missverständnis?

Ich versuchte mir vorzustellen, wie der Text der Anzeige gelautet haben mochte. Fest stand: Anna schien nach einem männlichen Untermieter gesucht zu haben, warum auch immer. Und nach einem attraktiven. Sie musste ziemlich übertrieben haben, was mein Aussehen anging – wahrscheinlich hatte sie sich selbst beschrieben. Und was war das nur für ein Vorschlag, den sie den Männern gemacht haben mochte?

Bevor ich mir noch weiter den Kopf zerbrechen konnte, hörte ich, wie Anna hereinkam.

Ich lehnte mich bequem zurück und flötete durch die offene Küchentür:

«Anna, meine Liebe, stell dir vor, die ersten Bewerbungen sind eingegangen.»

«Und? Was dabei?», flötete Anna zurück, während sie ihre hochhackigen Pumps gegen ein Paar Pantoffeln vertauschte, die aussahen wie kleine Tiger.

«Nein, mein Schatz. Du weißt doch, dass du nicht zu ersetzen bist.» Ich verdrehte die Augen.

«Dabei habe ich mir solche Mühe gegeben, jemanden zu finden», sagte sie, während sie sich neben mir auf die Küchenbank fallen ließ und den Stapel Briefe begutachtete.

«Anna, was soll das?»

Meine Stimme klang ungefähr so gelassen, als hätte ich gerade erfahren, dass ich die Wohnung in den nächsten sechs Monaten mit einem Stauballergiker teilen sollte.

«Erst gibst du so eine lächerliche Annonce auf und dann tust du so, als sei das das Normalste von der Welt. Willst du mich verkuppeln, oder sollte das nur ein schlechter Witz sein?»

Mit großen Augen blickte Anna mich an.

«Wieso, hast du etwa was dagegen, mit einem attraktiven Mann zusammenzuziehen?»

«Ja, hab ich. Insbesondere, wenn jemand anders ihn für mich sucht, und dann auch noch per Inserat. So dringend suche ich dann auch wieder keinen Freund!»

Ich war empört. Machte ich etwa den Eindruck, ich könne mir nicht selbst helfen? Wieso spielte Anna sich auf einmal als Kupplerin auf? Ich verstand die Welt nicht mehr. Meine beste Freundin … Dass die mir so was antat.

«Charlotte. Bleib doch mal ruhig. Ich erkläre dir ja alles, aber du musst versprechen, dass du dich nicht aufregst», sagte Anna und legte beschwichtigend ihre Hand auf meinen Arm.

Aha. Es steckte also ein Plan hinter dieser bescheuerten Annonce. Ich schwieg.

«Also», begann Anna. Sie überlegte kurz. «Angefangen hat alles letzte Woche. Ich habe zufällig Julius in der U-Bahn getroffen, und da sind wir ins Gespräch gekommen.»

Julius. Daher wehte der Wind. Dass der auch schon gemerkt hatte, dass meine Mutter und meine Oma mit ihrer Kerzenansteckerei nicht so recht weiterkamen und «der Richtige» schwer auf sich warten ließ, überraschte mich. Andererseits … Während er selbst bei der Arbeit ständig von irgendwelchen Frauen angerufen wurde, die ihn dazu brachten, seine Stimme um eine halbe Oktave zu senken, heiser in den Hörer zu flüstern und hektisch in seinem Terminkalender zu blättern, beschränkten sich meine Privatgespräche am Arbeitsplatz (und leider auch zu Hause) auf Telefonate mit meinen Eltern. Allerdings hatte ich mich in letzter Zeit bemüht, meine Gesprächsanteile dabei so zu gestalten, dass Julius das nicht merkte – offensichtlich mit mangelhaftem Erfolg.

«Natürlich habe ich Julius gefragt, wie es ihm geht», fuhr Anna fort, «und er hat mir erzählt, dass bei ihm gerade nichts so richtig gut läuft.»

Zufälle gibt's. Bei mir läuft gerade auch nichts so richtig gut.

«Seine Freundin ist ja mit einem Kollegen von euch über alle Berge, das wusste ich, aber dann hat er auch noch erzählt, dass er von Hammerstein einen ganz blöden Auftrag bekommen hat.»

Davon hatte er mir gar nichts erzählt.

«Na ja», sagte Anna gedehnt, «und dann hat er mir den Auftrag näher beschrieben und gesagt, das sei eigentlich eine ideale Aufgabe für eine Frau, und er habe Hammerstein gebeten, dich mit der Sache zu beauftragen, weil er meint, dass du für so eine Recherche viel besser geeignet seiest. Und dass Hammerstein ihm gesagt hat, er wolle sich die Sache nochmal überlegen.»

Ich war fassungslos. Auch noch Anna einzuweihen in seine perfiden Pläne.

«Ich vermute, es geht um die Serie ‹Männer im Haushalt›?» Das war eigentlich eine eher rhetorische Frage.

«Hammerstein hat dich schon gefragt?»

Ich nickte. «Er hat mir allerdings nicht gesagt, dass er das Thema ursprünglich Julius aufs Auge drücken wollte.»

«Weißt du, Charlotte, du darfst das nicht persönlich nehmen. Ich hatte den Eindruck, dass Julius dir irgendwie einen Gefallen tun wollte, also jedenfalls wollte er sich des Themas nicht nur auf deine Kosten entledigen. Sonst hätte ich ja auch nicht mitgemacht dabei.»

Was?

Die Anzeige! Hatten die beiden etwa gemeinsame Sache gemacht? Dann würde ich zu gern wissen, wer da so auf die Tube gedrückt hatte, was mein vermeintliches Aussehen anging.

«Ihr beide habt gemeinsam …?» Ich ließ den Satz in der Luft hängen.

Reumütig blickte Anna mich an.

«Julius meinte, er habe den Eindruck, du hättest in letzter Zeit haufenweise Männer kennen gelernt, die du für die Recherche heranziehen könntest. Und dass die dich sicherlich gerne mal zu sich einladen und dir was Tolles kochen würden, wenn du nur wolltest. Ja, und damit hat er mich auf die Idee gebracht, meine Annonce etwas anders zu formulieren, als ich es ursprünglich vorhatte.»

Jetzt fiel bei mir der Groschen. Mein Vater hatte mich in den letzten Wochen immer wieder angerufen, um mich zu überreden, sonntags mal wieder zum Essen vorbeizukommen, und ich hatte ihn jedes Mal vertröstet, indem ich mit einem scheuen Blick auf Julius ins Telefon gehaucht hatte: «Mein Lieber, ich würde schrecklich gerne zum Essen kommen, aber ich habe im Moment so viel zu tun, dass ich einfach keine Zeit habe.» Oder: «Jakob, du weißt ja, dass ich nichts lieber täte, als mich mal ein ganzes Wochenende verwöhnen zu lassen, aber es geht im Moment wirklich nicht.»

Julius hatte sich also von meiner Vorführung tatsächlich hinters Licht führen lassen und Anna auf die Idee gebracht, mir einen Hausmann zu suchen, der an ihrer Stelle bei mir einziehen sollte. Dazu hatte sie mich angepriesen wie ein Stück Rindfleisch in Zeiten von BSE. Aber warum sollte ein attraktiver Mittdreißiger so dumm sein, einer Frau freiwillig den Haushalt zu machen? Noch dazu, wenn gar nichts lief zwischen den beiden?

«Ich bin mit dem Preis etwas runtergegangen», sagte Anna, die anscheinend Gedanken lesen konnte. «Wollte dich dafür entschädigen, dass ich ohne dich auf große Tour gehe.»

Mir schien, als sei sie insgeheim immer noch ganz angetan von ihrer Idee, auch wenn sie nun als reuiges Sünderlein auftrat und für meine Empörung Verständnis zu haben schien.

Im Geiste fasste ich zusammen, was ich soeben erfahren hatte.

1. Mein Kollege denkt, die Männer stünden seit neuestem Schlange, um mich zu bekochen (und mich anschließend in ihr Bett zu zerren, denn so sind sie nun mal!).
2. Meine Mitbewohnerin und beste Freundin meint, ich sei ohne sie weder in der Lage, haushaltstechnisch zu überleben, noch einen attraktiven Mann kennen zu lernen.
3. Sie will mir deshalb jemanden kaufen, der beides in Personalunion ist.

Das Schlimme daran ist, dass Punkt eins falsch und Punkt zwei richtig ist. Punkt drei bedeutet, dass mein Fall so hoffnungslos ist, dass meine beste Freundin sogar bereit ist, mir zuliebe einen Fremden in ihrem Bett schlafen zu lassen.

Ich darf nicht in Panik verfallen. Das macht alles nur noch schlimmer. Man kennt sie ja, diese Frauen um die dreißig, die, egal ob sie an der Bushaltestelle stehen oder ein Lokal betreten, diesen Scanner-Blick einschalten, mit dem sie jeden Mann im zeugungsfähigen Alter einer eingehenden Prüfung unterziehen. Wenn sie dann irgendwann jemanden kennen gelernt haben, der auch nur halbwegs so wirkt, als seien seine Spermien beweglich und sein Bankkonto dick genug, um eine Familie gründen und ernähren zu können, schmeißen sie sich ihm an den Hals und schalten auf «Empfängnis». Dann wird gebaut, und fünf bis zehn Jahre später steht das Haus zum Verkauf, weil alles doch ganz anders ist, als es an der Bushaltestelle ausgesehen hat.

Charlotte – gaaanz ruhig. Alles wird gut. Dir passiert so was nicht. Du wirst dich nicht aus der Fassung bringen lassen. Nicht von Julius, nicht von Hammerstein. Und erst recht nicht von Anna. Mit dem Preis runtergegangen, dass ich nicht lache.

«Das ist ja sehr nett gemeint von dir, Anna», sagte ich und rang mir ein Lächeln ab, «aber ich glaube, das wäre nicht nötig gewesen. Weißt du, ich brauche einen per Annonce vermittelten Hausmann ungefähr so wenig wie eine Badeschlappe einen Schuhspanner.»

«Jaja», sagte sie eifrig, «habe ich alles schon bedacht. Deswegen habe ich ja auch geschrieben, dass gegenseitige Sympathie Voraussetzung ist für den Deal. Und jetzt lass uns mal die restlichen Briefe durchgehen und schauen, ob nicht doch noch jemand dabei ist, der infrage kommt.»

Sie war anscheinend nicht abzubringen von ihrem Plan. Also wollte ich erst einmal gute Miene zum bösen Spiel machen. Im Zweifelsfall konnte ich mir ja ein paar Bewerber angucken und dann sagen, dass mir einfach keiner sympathisch sei. Zwingen würde sie mich wohl nicht zu meinem vermeintlichen Glück.

Anna war schon dabei, den nächsten Brief aufzureißen.

«Sieh mal einer an», sagte sie und pfiff anerkennend durch die Zähne. Sie zog eine Farbkopie von einem Foto heraus und reichte sie mir. Gleichzeitig überflog sie die beigelegte Postkarte und zählte im Telegrammstil die relevanten Daten und Fakten auf: «31 Jahre alt, Schlagzeuger in einer Soul-Band, indische Mutter, deutscher Vater, aha, das erklärt auch das Aussehen, Handballspieler, rudert, Mann, muss der einen Oberkörper haben …»

Gespannt schaute sie mich an. Ich zwang mich, den Blick von der Kopie zu lösen.

«Anna. Solche Männer bewerben sich nicht auf Kleinanzeigen. Gib zu, dass du das aus irgendeiner Zeitschrift herauskopiert und den Werbetext wegretuschiert hast.»

Sie lachte. «Gute Idee, eigentlich. Aber der hier ist echt, soweit ich das beurteilen kann.»

Prüfend sah ich erst sie und dann die Kopie an. Wenn das so war, würde ich mir den Kerl zumindest einmal näher anschauen müssen. Und wenn er dann auch noch mehr als einen Satz sagen konnte, ohne dabei ständig das Wörtchen «ey» zu benutzen, dann würde ich nicht nur darauf verzichten, Annas Zimmer mit Eisenbahn und Hometrainer voll zu stellen, sondern noch ganz andere Bereiche unserer Wohnung für diesen Halbgott freiräumen.

Der Mann war entschieden das Attraktivste, was ich seit Jahren gesehen hatte. Seine Haut hatte einen matten Bronzeton, sein Haar war schwarz und kinnlang, und soweit man das auf der Kopie erkennen konnte, hatte er nahezu türkisfarbene Augen. Sein Gesicht war ebenmäßig, von seiner Figur konnte man nur die breiten Schultern sehen, der Rest hatte keinen Platz mehr gehabt auf dem Bild. Aber es reichte auch so. Wo liefen solche Männer bloß herum, wenn ich ausging?

Anna hatte mich nicht aus den Augen gelassen. Wahrscheinlich bereute sie schon, dass nicht sie hier blieb und ich auf Weltreise ging. Ich grinste.

«War vielleicht doch nicht so schlecht, deine Idee mit der Anzeige», sagte ich gedehnt.

«Schnellmerkerin.» Anna legte den Arm um mich. «Charlotte, glaub bloß nicht, dass ich dich ärgern wollte.» Sie zögerte. «Aber weißt du, ich dachte einfach, vielleicht muss man ja manchmal dem Glück ein bisschen nachhelfen. Und da du so was nie tun würdest, hab ich es halt für dich getan und gleichzeitig auch noch an deinen beruflichen Erfolg und meinen Geldbeutel gedacht.»

Es war nicht von der Hand zu weisen. Ich hätte wirklich niemals per Annonce nach einem Mann gesucht. Wenn ich bedachte, was für ein Prachtexemplar uns da auf Anhieb ins Haus geflattert war, war ich schön dumm gewesen.

«Schon gut, hast ja Recht», sagte ich daher versöhnlich, «und jetzt gib mir mal die Karte, damit ich sehen kann, ob der Kerl in der Lage ist, einen fehlerfreien Satz zu Papier zu bringen.»

Das war mir wichtig, und wenn es meine Mutter und Großmutter in den Ruin treiben würde. Ich würde mich nicht mit einem intellektuell minderbemittelten Modeltyp abgeben, da hatte ich klare Vorstellungen. Das war mir einmal passiert, und ich hatte mir geschworen, dass es auch das letzte Mal gewesen sein sollte. Ich war damals Anfang zwanzig und unsterblich verliebt in den Fahrradkurier, der immer in der Zeitungsredaktion, in der ich damals freie Mitarbeiterin war, die Post abholte. Knut hieß er, und er hat so ausgesehen wie eine Mischung aus James Dean und Ricky Martin. Ich war hin und weg und entwickelte ein großes Talent darin, täglich jede Menge wichtiger Post zur Abholung bereitzulegen, deren Adresse so undeutlich geschrieben war, dass er immer nochmal an meinen Schreibtisch treten musste, um sich zu vergewissern, dass er alles richtig entziffert hatte.

Irgendwann habe ich ihn bei so einer Gelegenheit gefragt, ob er nicht mal Lust hätte, mit mir eine Mountainbike-Tour durch den Taunus zu machen, und die endete dann wie erwartet im Bett. Das Ganze ging drei Wochen lang gut, dann hatte ich die Nase gestrichen voll.

Nicht nur, dass Knut kein besonders guter Liebhaber war (er hatte die Angewohnheit, ähnlich wie auf seinem Fahrradsattel einfach loszupreschen, was dazu führte, dass ich, um im Bild zu bleiben, regelmäßig noch nicht einmal um die erste Kurve war, während er schon die Ziellinie überquert hatte und nach einer Dusche lechzte).

Nein, Knut war auch so um seinen makellosen Körper besorgt, dass er sich bei Tisch, während ich mich bemühte, eine Unterhaltung in Gang zu bringen, immer mit einer kleinen Feile die Fingernägel feilte. Auf die Frage, ob er sich vorstellen könne, seinen Urlaub mit mir im Haus meiner Tante in Katalonien zu verbringen, hatte er geantwortet, er reise grundsätzlich nicht in den Ostblock.

Auf dieses Niveau, das stand fest, würde ich mich in Zukunft nicht mehr hinabbegeben.

Der Handball spielende Ruderer — er hieß Raul — schien indes die wichtigsten Voraussetzungen zu erfüllen. Er hatte mit schwarzer Tinte in einer fast femininen Handschrift geschrieben:

An die schöne Suchende!

Dein Angebot klingt verlockend, ich würde dich gerne kennen lernen. Ich mag Frauen, die wissen, was sie wollen, und
du scheinst dazuzugehören. Da ich auch weiß, was ich will
(und das bis jetzt auch immer bekommen habe), müssten wir
ein gutes Team bilden. Als Hausmann eigne ich mich sicherlich hervorragend, weil ich jahrelange WG-Erfahrung habe.
Kochen kann ich auch, denn ich habe ein paar Jahre lang in
einem indischen Restaurant gejobbt. Insofern dürfte ich der
Mann deiner Wünsche sein.

Es folgten die Angaben zu seiner Person, die Anna mir schon
vorgelesen hatte, und eine Handynummer. Dagegen war nichts
einzuwenden. Soweit man das anhand der wenigen Zeilen beurteilen konnte, schien Raul eine perfekte Mischung aus Körper
und Geist zu sein. Und wenn er bisher immer alles bekommen
hatte, was er wollte, dann schien er wirklich so unwiderstehlich
zu sein, wie er aussah. Das Einzige, was man ihm vorwerfen
konnte, war vielleicht ein etwas zu großes Selbstbewusstsein.
Aber darüber würde ich entscheiden, nachdem ich ihn kennen
gelernt hatte.

«Gleich morgen früh rufst du den an!», sagte meine allerbeste
Freundin energisch und trank ihr Glas aus. «Und jetzt gehen
wir ins Bett.»

Drei Ich träumte, dass Raul mir morgens ein Tablett mit Croissants, frischem Kaffee und Champagner ans Bett brachte und sich dann neben mich legte. Während ich frühstückte, knabberte er an meinen Zehen und wanderte dann langsam höher, wobei eine Spur kleiner, feuchter Küsse entstand. Noch bevor er meinen Bauchnabel erreichte – genau genommen, als er auf der Innenseite meines linken Oberschenkels angelangt war –, mischte sich leider mein Wecker ein. Ärgerlich stellte ich ihn ab und versuchte, Raul zu meinem Oberschenkel zurückzulocken. Doch der hatte sich verabschiedet, war irgendwo zwischen die Daunen meines Federbetts gekrochen oder zurück in seinen Briefumschlag. Mit einem Seufzer stand ich auf, wankte ins Bad und tröstete mich beim Zähneputzen damit, dass ich ihn heute sowieso anrufen würde.

Zunächst aber würde ich mir Julius vorknöpfen. Ich fuhr mit dem Rad zur Arbeit und überlegte unterwegs, was ich ihm sagen sollte. Wenn ich ehrlich war, musste ich ihm dankbar sein. Ohne ihn hätte Anna die Annonce nicht aufgegeben und Raul sich nicht gemeldet. Aber das rechtfertigte natürlich nicht Julius' Verhalten. Schwierige Sache. Vielleicht sollte ich so tun, als wüsste ich gar nichts von dem Komplott? Nein, das ging auch nicht. Dann dachte er womöglich, meine beste Freundin würde mich hintergehen. Sollte er ruhig wissen, dass wir keine Geheimnisse voreinander hatten.

Als ich die Treppe hoch in den dritten Stock lief, wo unsere Redaktion lag, hatte ich immer noch keinen Entschluss gefasst. Und als ich die Tür zu unserem Zimmer aufstieß, fiel mir ein, dass Julius sowieso für den Rest der Woche nicht da war. Er war auf Recherche gefahren, nach Holland. Wollte über eine Familie schreiben, die zu einiger Berühmtheit gelangt war, weil sie seit

Monaten so gut wie gar kein Geld mehr ausgab. Sie lebte von dem, was in ihrem Garten wuchs, von Lebensmitteln an der Grenze zum Mindesthaltbarkeitsdatum, die ihnen die Geschäfte in der Umgebung zur Verfügung stellten, und von Geschenken, die andere Leute ihnen machten, um das Modell zu unterstützen.

Julius hatte für die Kinder – es waren *fünf* – massenweise Kinderschokolade gekauft, in der Hoffnung, von ihnen zu hören zu bekommen, dass sie es total schrecklich fänden, so sparsame Eltern zu haben. Ich hatte ihm daraufhin Bestechung vorgeworfen. Aber Julius hatte mich ausgelacht.

Nun gut, so hatte ich wenigstens Zeit, mir bis zur nächsten Woche eine Strategie zurechtzulegen. Und nun würde ich mich den wirklich wichtigen Fragen widmen. Allen voran der, wann ich Raul anrufen und was ich sagen würde.

Im Laufe des Vormittags – ein Prozent meiner Gehirnzellen war damit beschäftigt, einen Text über die Behandlung von Hühneraugen zu redigieren, während sich die übrigen 99 Prozent in einen ungestörten Winkel meines Gehirns zurückgezogen hatten, um in Ruhe einen perfekten «Wie schaffe ich es, dass Raul bei mir einzieht»-Plan zu schmieden – reifte in mir der Entschluss, das Telefonat, das den Anfang unserer Beziehung markieren sollte, am frühen Abend zu tätigen. Das wäre spät genug, um den Eindruck zu vermeiden, ich hätte gleich nach der Lektüre des Briefes zum Hörer gegriffen oder gar in der Nacht von ihm geträumt, und früh genug, um sich eventuell sogar noch für denselben Abend zu verabreden.

«Quatsch, Charlotte», riefen mich die 99 Prozent zur Ordnung, «als attraktive und begehrte junge Journalistin hast du natürlich heute Abend schon etwas vor!» Du liebe Güte, natürlich.

Nachdem ich die wichtigste Entscheidung des Tages gegen 11.24 Uhr gefasst hatte, traf ich mich gegen halb eins mit Sascha beim Griechen, um sie über die neuesten Entwicklungen zu unterrichten. Wie erwartet fand sie Annas und Julius' Idee ganz ausgezeichnet und das Foto von Raul umwerfend. Die Extraportion Auberginenmus, die Costas wie immer auf unserem Tisch platziert hatte, aß sie ganz alleine auf («Du solltest in den nächsten 24 Stunden besser keinen Knoblauch mehr zu dir nehmen»), um sich dann gemütlich zurückzulehnen und mir zuzublinzeln:

«Dann können wir ja vielleicht demnächst mal wieder was zu viert machen?»

Ich lachte. Sascha war immer so optimistisch, und das steckte an. Das letzte Mal, dass wir zu viert ausgegangen waren, war Monate her. Damals war sie mit einem Fotografen vom «Abendblatt» liiert, und ich hatte eine kurze und heftige Affäre mit einem relativ bekannten Pop-Art-Künstler gehabt, den ich für die «Annika» interviewt hatte. Im Nachhinein stellte sich heraus, dass mir seine Bilder viel besser gefallen hatten als er selbst, und ich hatte die Sache mit dem sicheren Gefühl beendet, wieder einmal auf die alte Apfel-Masche hereingefallen zu sein, die schon bei Adam und Eva funktioniert hat: Je unerreichbarer etwas ist, umso mehr wollen wir es – egal, was es ist und ob wir es brauchen.

Diesmal, das fühlte ich, würde alles ganz anders werden. Ich würde Raul aus neutraler Perspektive und vollkommen objektiv nach Annas und meinem 50 Punkte umfassenden Fragenkatalog beurteilen und mich erst für ihn entscheiden, wenn 80 Prozent zufrieden stellend beantwortet wären, vor allem die Fragen in den Rubriken «Attraktivität» und «Emotionale Intelligenz».

Nachdem Costas uns mit zwei Gläschen Samos verabschiedet hatte, schleppte sich der Nachmittag so zäh dahin wie eine von diesen Rauchfleischscheiben, die man trotz intensivsten Kauens nicht hinunterschlucken kann. Um fünf Uhr machte ich mich aus dem Staub, nachdem ich Gisela, unserer Redaktionssekretärin, erklärt hatte, ich hätte noch einen Zahnarzttermin. Genau genommen war das auch nur halb gelogen, denn mir war tatsächlich ähnlich mulmig zumute wie vor einer Wurzelbehandlung. Ich schwang mich auf mein Rad, machte auf dem Heimweg kurz beim Bäcker halt, um mich mit meinem Lieblingsbrot, der «Möhrensonne», einzudecken, und saß pünktlich um Viertel vor sechs mit dem Telefon auf meinem Bett.

Ich hatte gegen 15.11 Uhr beschlossen, lieber schon um 17.53 Uhr anzurufen, sonst dächte Raul womöglich, ich hätte bewusst bis 18 Uhr gewartet. Eine ungerade Zahl wirkte irgendwie lässiger. Also wählte ich um 17.52 Uhr seine Nummer. Es klingelte zweimal, dann meldete sich eine Männerstimme.

«Roßmann.»

«Charlotte Lange, guten Abend. Spreche ich mit Raul Roßmann?»

«Das tun Sie.»

O Gott, er war dran. Nach dem zweiten Klingeln. Wenn das kein gutes Zeichen war. Bestimmt hatte er den ganzen Tag auf meinen Anruf gewartet. Innerlich jubilierte ich. Dann konzentrierte ich mich auf meine Rolle. Die nächsten Worte hatte ich mir sorgfältig zurechtgelegt.

«Dann können wir uns auch duzen. Du hast auf die Annonce geantwortet, die am Samstag in der ‹Zypresse› stand.» Ich vermied es bewusst, ihn darüber aufzuklären, wer die Annonce aufgegeben hatte, weil ich mir nicht sicher war, ob dies in seinen Augen vorteilhaft für mich wäre. In diesem Stadium unserer Beziehung wollte ich kein unnötiges Risiko eingehen und jede Disharmonie vermeiden. Später werde ich selbstverständlich immer sagen, was ich denke und wie sich die Dinge tatsächlich zugetragen haben, denn ich finde es wichtig, dass beide Partner selbstbewusste, gleichberechtigte und autonome Persönlichkeiten sind. Doch erst mal wollte ich herausfinden, was Raul für ein Mensch war, und bis dahin würde ich die zwischen uns aufkeimende Sympathie nicht durch übertriebene Detailsucht belasten.

«Du hast dir Zeit gelassen mit deinem Anruf, Charlotte.»

Er hatte eine tiefe, angenehme Stimme, etwa so wie die von

Christian Brückner. Man war versucht, ihm immer nur zuzuhören, und vergaß, dass man selbst auch etwas sagen wollte, so sexy hörte er sich an.

Aber das war jetzt auch nebensächlich, denn am anderen Ende der Leitung war schließlich Raul, und ich hatte das Gefühl, dass es an mir war, irgendetwas zu sagen. Wo waren wir noch stehen geblieben?

«Wie bitte?», sagte ich, «unter unserem Haus wird gerade eine Tiefgarage ausgehoben, deswegen ist es hier etwas laut.»

«Ich sagte, du hast dir Zeit gelassen mit deinem Anruf.»

Was?

Zeit gelassen? Konnte Raul Gedanken lesen? Nein, das war ganz unmöglich. Er schien anzudeuten, dass er erwartet hatte, ich griffe gleich am Dienstag zum Telefon. Das war gut. Vorteil für mich. Er hatte sehnsüchtig auf meinen Anruf gewartet, obwohl er mich noch gar nicht kannte. Der Mann hatte Intuition.

Nun musste ich improvisieren. Ich war eigentlich davon ausgegangen, dass Raul in etwa antworten würde: «Schön, dass du mich aus der sicherlich sehr großen Zahl an Zuschriften ausgewählt hast.» Ich hatte daraufhin entgegnen wollen, dass ich in der Tat viele sehr verlockende Zuschriften erhalten hätte und er nur einer unter vielen sei, die ich ganz unverbindlich mal kennen lernen wollte. Das hätte mich in seinen Augen sicherlich noch attraktiver gemacht – Konkurrenz belebt das Geschäft, wie Anna immer sagt.

Nun ja, aber wenn er den ganzen Tag neben dem Telefon gesessen hatte, dann war das schließlich auch gut. Was sollte ich also jetzt sagen?

«Ich hatte heute unheimlich viel zu tun in der Redaktion und hab jetzt auch nur kurz Zeit, weil ich mich noch verabredet habe, aber ich dachte, ich melde mich mal schnell, damit wir einen Termin vereinbaren können.»

Die kleinen grauen Zellen in meinem Schädel liefen Amok. Was quatschte ich da für ein dummes Zeug? Nicht viel Zeit? Verabredet? Termin? War ich noch zu retten? Das war doch hier keine geschäftliche Angelegenheit. Raul musste ja denken, ich suchte jemanden, der mir die Steuererklärung machte.

«Kein Problem, Charlotte. Bin auch gerade auf dem Sprung ins ‹Klafünf›, da spielen wir nämlich heute Abend. Passt dir Freitagabend um acht im ‹Vanderbilt›?»

Charlotte, die Sache entgleitet dir. Du wolltest ihm vorschlagen, morgen Abend mit dir zum Italiener zu gehen. Bis Freitag hältst du keinesfalls durch. Du wirst jede Nacht erotische Träume haben, morgens wie gerädert sein und in der Redaktion eine kieferchirurgische Generalüberholung vortäuschen müssen, weil du dich auf nichts wirst konzentrieren können.

«Freitag im ‹Vanderbilt›? Passt mir gut», hörte ich mich sagen.

«Prima. Wie ich aussehe, weißt du ja. Woran erkenne ich dich?»

Äh, gute Frage. Wenn ich ihm schon vorher beschreibe, wie ich aussehe, kommt er womöglich gar nicht. Was ich anziehe, wird erst am Freitagabend um kurz vor acht feststehen, nachdem ich mich mindestens fünfmal umgezogen habe.

«Ich habe eine ‹Annika› dabei», sagte ich schnell. Das war gut, weil neutral.

«Diese Frauenzeitschrift? Na gut, alles klar. Bis dann.»

Klick. Er hatte aufgelegt. Kurz und schmerzlos. Der hatte ja Nerven. Ich legte auch auf.

Da hatte ich den Salat. Was sollte ich nur bis Freitagabend anstellen? Und wo war überhaupt das «Vanderbilt»? Hatte ich noch nie gehört, den Namen. Aber das war jetzt auch egal. Viel wichtiger war es, zu überprüfen, ob Raul mir immer noch sympathisch war. Im Geiste ging ich die wichtigsten Punkte noch einmal durch: Er hatte Sexappeal (Stimme), Intuition (fand mich schon aufgrund der Annonce attraktiv), war leidenschaftlich (verzehrte sich neben dem Telefon nach mir), erfolgreich (Auftritt heute Abend), selbstbewusst (schlug selbständig neuen Termin vor) und beliebt (hatte morgen Abend offensichtlich schon was vor). Ich war beruhigt. So ein kurzes Telefonat, und schon hatte ich zwischen den Zeilen das Wichtigste herausgehört. Mir kam es vor, als würden wir uns ewig kennen. Gemütlich ließ ich mich in die Kissen sinken und stellte mir vor, wie Raul mir in naher Zukunft – etwa in drei Monaten, wenn unsere Beziehung so weit gefestigt wäre, dass es nicht oberflächlich wirken würde – seine ewige Liebe gestehen würde.

Nachdem ich mir die Szene etwa eine halbe Stunde lang in allen Einzelheiten ausgemalt hatte (ich, hingegossen in seine Arme, er, stark und beschützend mich umschlingend, Sonnenuntergang und das Ganze), kam mir leider und an völlig unpassender Stelle die Theorie meiner Oma in den Sinn. «So schnell schießen die Preußen nicht!» hatte sie, die aus dem tiefsten Schwaben stammt, mir immer wieder entgegnet, wenn ich ihr, mit fünfzehn oder sechzehn, etwa drei Tage nach dem ersten Kuss von meiner totalen und ewigen Liebe zu diesem oder jenen, jungen Mann berichtete, den ich im Skiurlaub oder auf einer Party kennen gelernt hatte. Ich war damals immer entsetzt darüber gewesen, wie emotionslos sie auf meine Offenbarungen reagierte, und hatte sie wohl nur deshalb immer auf dem Laufenden gehalten, weil ich hoffte, sie würde ein Mal, ein einziges Mal nur, ihre Zurückhaltung aufgeben und mir zurufen: «Wie schön, und natürlich musst du ihn mir gleich morgen auch vorstellen, damit ich weiß, mit was für einem wundervollen jungen Mann du den Rest deines Lebens verbringen willst.»

Natürlich hatte sie sich nie dazu hinreißen lassen, denn sie hatte schließlich zwei Weltkriege miterlebt und wusste, wie vergänglich alles ist, aber diese Skepsis wird wohl der Grund dafür sein, dass ich heute, fünfzehn Jahre später, immer noch Single bin.

Charlotte, diesmal ist es anders. Diesmal wird alles gut.

Ich war gerade dabei, mir auszumalen, wie ich Raul meiner Oma vorstellen würde und sie ganz aus dem Häuschen wäre, als Anna nach Hause kam. Ich musste ihr natürlich sofort erzählen, dass Raul wirklich so sympathisch war, wie er in Wort und Bild wirkte. Bei einer Tasse Tee gab ich ihr einen kurzen Überblick über unser Gespräch und seine wichtigsten Charaktereigenschaften und begann eben aufzuzählen, was an Kleidung für den Freitagabend in die engere Auswahl genommen werden musste, als sie mich unterbrach.

«Wann wollen wir los?»

Verdutzt brach ich ab.

«Los? Wohin?»

Erstaunt blickte Anna mich an.

«Na, ins ‹Klafünf›! Da spielt er doch heute Abend, oder?»

Natürlich! Dass ich da nicht selbst drauf gekommen war! Das war die perfekte Gelegenheit, ihn schon mal ungestört aus der Ferne zu beobachten, ohne selbst erkannt zu werden.

«Anna, wenn ich dich nicht hätte», sagte ich und umarmte sie. Sie grinste.

«Sag ich ja!»

Um zehn nach neun standen wir an der Abendkasse des «Klafünf». Es war ziemlich voll für einen Mittwochabend, und wir mussten geschlagene fünfzehn Minuten warten, bevor wir an der Reihe waren. Nachdem jede von uns 15 Euro bezahlt hatte – ein stolzer Preis, fand ich –, liefen wir die Treppe hinab in den Keller der alten Fabrik, die zu einem Jazzlokal umgebaut worden war. Er bestand aus einem niedrigen, lang gestreckten Raum, an dessen hinterem Ende sich die Bühne mitsamt der Tanzfläche befand. Die Bar zog sich an der gesamten Längsseite des Raumes entlang, und in der Mitte des Lokals standen zahlreiche runde Tische.

Die Band hatte noch nicht angefangen zu spielen, und es waren auch noch einige Tische frei. Wir suchten uns einen in der Nähe der Bühne, bestellten zwei Gläser Rotwein und harrten der Dinge, die da kommen mochten.

Ich war aufgeregt, würde ich doch in wenigen Minuten meinen

künftigen Mitbewohner kennen lernen. Ein halbes Jahr ist schließlich eine lange Zeit, und wer weiß, vielleicht würden wir uns ja eine gemeinsame Wohnung suchen, wenn Anna zurückkäme?

Am Nebentisch hatten unterdessen zwei aufgetakelte Blondinen Platz genommen. Beide waren stark geschminkt und hatten die Haare gefärbt. Die eine trug rote Lacklederstiefel und ein schwarzes Mini-Stretchkleid, die andere ein hautenges Kostüm aus Tigerfell-Imitat.

«Und dann sagt er zu mir: ‹Gehen wir zu mir oder zu dir?›», berichtete gerade die im Stretchkleid. Dazu kicherte sie albern und nahm einen Schluck Champagner.

«Cool», sagte die im Tigerfell. «Und?»

«Wir sind zu mir gegangen. Er sagte, in seiner WG sind sie zurzeit nicht gut auf ihn zu sprechen.»

«Und?», fragte die andere wieder.

«War geil.»

«Mann, echt cool, ey», sagte die andere.

Dann schwiegen beide, rauchten und blickten auf die leere Bühne.

Anna und ich sahen uns an und grinsten.

Als die Band gegen zehn endlich die Bühne betrat, war ich schon reichlich angetrunken. Ich vertrage nämlich nicht besonders viel, und die Aussicht auf Annas Abreise und das dämliche Gequatsche unserer Tischnachbarinnen (die im Minikleid hatte der anderen, um die Leere in beider Gehirne vorübergehend mit irgendetwas zu füllen, noch Einblick in die intimeren Details jener Nacht gegeben, was diese mit gebetsmühlenartigen «Geil, ey!»-Ausrufen gewürdigt hatte) hatten mich dazu bewogen, mehr als sonst zu trinken. Jedenfalls nahm ich erst dann zur Kenntnis, dass es losging, als das Licht im Zuschauerraum abgedimmt wurde und ein Spot auf der Bühne anging.

Dann ging alles ganz schnell. Während der Beifall immer stärker wurde, betrat zunächst der Bassist die Bühne, dann der Saxophonist, der Gitarrist, der Schlagzeuger und die Sängerin. Die Sängerin nahm ich allerdings nicht mehr wirklich wahr, denn ich war voll und ganz damit beschäftigt, Raul zu mustern.

Anna beugte sich zu mir herüber und flüsterte: «Na, zufrieden?»

Ich ließ mir mit der Antwort Zeit. In Gedanken lagen Raul und ich bereits eng umschlungen auf meinem Bett, und ich versuchte mir vorzustellen, wie er wohl riechen würde. Bestimmt sehr männlich, und seine Haut würde trocken und glatt und weich sein, seine Hände ebenfalls, und er würde natürlich küssen wie ein junger Gott, ganz sanft und vorsichtig, ohne gleich alles unter Wasser zu setzen, wie manche Männer es tun, die noch nicht verstanden haben, dass Leidenschaft nicht in Millilitern gemessen wird.

Raul war perfekt. Noch viel schöner als auf dem Foto. Er bewegte sich ruhig und geschmeidig, ohne das Publikum eines Blickes zu würdigen. Er schien die Welt außerhalb der Bühne überhaupt nicht wahrzunehmen, war vollkommen eins mit seinem Instrument und der Musik (die Band hatte inzwischen angefangen zu spielen, aber das war nebensächlich). Er trug eine ausgewaschene Jeans, dazu ein rosafarbenes Polohemd, das einen tollen Kontrast zu seiner dunklen Haut bildete. Ich stellte mir vor, wie er darunter aussehen würde. Ob er wohl eine behaarte Brust hatte?

«Charlotte?»

Anna unterbrach meine Gedanken.

«Gefällt er dir?»

«Was für eine Frage! Gefallen ist gar kein Ausdruck. Er ist göttlich!»

Anna nickte.

«Hab ich auch schon gemerkt. Und die beiden am Nebentisch auch.»

Sie deutete mit dem Kinn auf die beiden Blondinen, die Raul in der Tat nicht aus den Augen ließen. Die Band spielte inzwischen ein langsames Stück, und Raul hatte die Augen geschlossen.

«Den können sie sich abschminken», sagte ich und erkannte mich selbst nicht wieder, «das ist meiner!»

Es störte mich regelrecht, dass die beiden Raul auch attraktiv fanden. Dass zwei so ordinäre Tussis den gleichen Geschmack hatten wie ich, empfand ich als Zumutung. Die sollten sich an ihresgleichen halten und Raul in Ruhe lassen. Er spielte in einer anderen Klasse.

Die im Minikleid zündete sich gerade die fünfhundertste Zigarette an diesem Abend an. Der Aschenbecher quoll schon über, und meine Augen waren gerötet von dem ganzen Qualm, der zu uns herüberzog.

«Den würde ich auch nicht von der Bettkante stoßen. Wann seht ihr euch wieder?», fragte die Tigerlili.

«Ich geh nachher mal hinter die Bühne», sagte die andere, «ich hätte gegen eine Fortsetzung gleich heute nichts einzuwenden.» Dazu zog sie den Saum ihres Minikleides noch ein Stückchen höher. Darunter trug sie rote Strapse.

«Wow. Echt geil, ey!», sagte die andere.

Ich sagte erst mal gar nichts mehr und blickte Anna an. Anna blickte zurück. Wir dachten beide das Gleiche, und das war in diesem Fall kein gutes Zeichen, denn es bedeutete, dass ein Irrtum ausgeschlossen war. Ich war fassungslos. Raul und diese Schlampe? Das durfte nicht wahr sein.

«Anna, sag, dass wir da irgendwas falsch verstanden haben!»

Meine beste Freundin zog bedauernd die Schultern hoch.

«Ich fürchte, da kann man nicht viel falsch verstehen. Komm, Charlotte, lass uns gehen. Wir trinken woanders noch was.»

Sie stand auf, legte einen Schein auf den Tisch und packte mich an den Schultern. Benommen stakste ich hinter ihr her.

Draußen winkte sie ein Taxi heran und zog mich hinein.

Ich ließ mich in den Sitz sinken und versuchte, die Tränen zurückzuhalten. Aus der Traum. Vorbei. Ich spürte, wie das

Selbstmitleid in mir hochkroch. Anna würde ihre Weltreise machen und ich allein in unserer Wohnung zurückbleiben, mit einem dämlichen Rechercheauftrag am Hals und niemandem, der mir abends zuhören würde, wenn ich nach Hause kam. Meine Mutter und meine Oma würden weiter ihre Kerzen anzünden, und irgendwann würden sie damit aufhören und ihr Geld lieber in meine kleine Schwester investieren. Die ist elf Jahre jünger als ich und muss schließlich auch irgendwann an den Mann gebracht werden.

«Wo soll's denn hingehen, die Damen?», fragte der Taxifahrer.

Ich nannte ihm unsere Adresse. Ich wollte jetzt nicht mehr unter Menschen sein. Anna sah mich strafend an.

«Gerade jetzt sollten wir einen draufmachen», sagte sie, «von so einem lassen wir uns doch nicht den Abend verderben!»

Ich schüttelte nur müde den Kopf.

«Lass gut sein, Anna. Ich muss da erst mal 'ne Nacht drüber schlafen.»

Am nächsten Morgen wachte ich mit einem dicken Kopf auf. Während ich ins Bad wankte und überlegte, ob ich eine kalte Dusche überleben würde, traten die Ereignisse des vergangenen Abends langsam wieder in mein Bewusstsein, was nicht gerade zu meinem Wohlbefinden beitrug. Missmutig zog ich mich an und ging dann in die Küche, um ein Aspirin zu suchen. Anna war schon weg, wahrscheinlich wieder zu irgendeiner Botschaft, um sich ein Visum zu besorgen. Auf dem Küchentisch hatte sie einen Zettel liegen lassen.

«Vielleicht war ja alles doch nur ein Missverständnis», hatte sie geschrieben, «du solltest ihn morgen treffen. Schließlich seid ihr nicht verheiratet!»

Na, die hatte ja Nerven! Ich beschloss, sicherheitshalber zwei Aspirin zu nehmen, und spülte sie mit einer Tasse Kaffee hinunter. Dann machte ich mich auf den Weg in die Redaktion.

Nachdem ich Sascha schon im Treppenhaus begegnet war und

sie mir im Vorbeilaufen zugerufen hatte, dass sie die nächsten beiden Tage unterwegs sein würde, verbrachte ich den Rest des Tages damit, meine Wunden zu lecken. Damit das nicht so auffiel, fragte ich in der Redaktion jeden, der mir über den Weg lief, ob er nicht zufällig einen vorzeigbaren Hausmann kenne, den ich für meine Serie interviewen könnte. Wie ich mir schon gedacht hatte, konnte mir niemand weiterhelfen, aber wer den Schaden hat, braucht für den Spott bekanntlich nicht zu sorgen: Die lieben Kollegen amüsierten sich köstlich über Hammersteins Idee und wurden nicht müde, mir abschreckende Geschichten aus ihrem näheren Bekanntenkreis zu erzählen. Am Abend war ich dermaßen gerädert, dass ich um neun Uhr ins Bett und in einen komatösen Schlaf fiel.

Der Freitag begann gar nicht so schlecht. Es war strahlendes Juliwetter, Anna hatte frische Croissants gekauft und Frühstück gemacht. Genau eine Woche war es nun her, seit sie mir offenbart hatte, dass sie auf Weltreise gehen würde. In sieben Tagen würde sie nach Katmandu fliegen.

Als ich mich ihr gegenübersetzte, war sie bester Laune. Das letzte Visum – für Indien – hatte sie tags zuvor abgeholt, und nun musste sie nur noch ihren Rucksack packen und sich von allen Freunden verabschieden. Nun ja, und ihr Zimmer vermieten, aber das Thema versuchte ich, so gut es ging, zu vermeiden.

«Ach, Charlotte, was willst du eigentlich heute Abend anziehen?», fragte Anna und sah mich unschuldig an.

Ich schwieg.

«Du gehst doch hin, oder?», insistierte sie.

«Warum sollte ich? Die Sache ist doch eh gelaufen.»

«Vielleicht war es ja nur ein Ausrutscher. Er war vielleicht bekifft oder so, oder es war eine Wette.»

«Quatsch. Das ist Quatsch, Anna, und das weißt du auch. Der Typ hat kein Niveau, der vögelt alles, was sich auf den Rücken drehen kann», sagte ich verächtlich.

«Ich meine, du solltest hingehen. Gib ihm wenigstens eine Chance. Er sieht zu gut aus, um ihn einfach abzuschreiben.»

Ich zögerte. Schnell redete sie weiter.

«Was vergibst du dir schon? Er weiß ja nicht, dass du weißt … du kannst ihn ja ganz beiläufig aushorchen, und wenn du dann das Gefühl hast, er sei wirklich so ein niveauloser Macho, verabschiedest du dich einfach höflich. Dann hast du wenigstens mal mit ihm geredet und phantasierst dir nicht Gott weiß was zusammen, was er für ein toller Kerl ist.»

Da hatte sie Recht. Ich dachte ununterbrochen darüber nach, was Raul nun eigentlich für ein Mensch war. Vielleicht war es wirklich besser, ihn kennen zu lernen und festzustellen, dass er Hamlet für eine Schinkenart und das Kap der Guten Hoffnung für eine Entbindungsklinik hielt und er mich nicht die Bohne interessierte. Noch während ich darüber nachdachte, wusste ich plötzlich, dass ich auf jeden Fall zu dem Treffen gehen würde. Ich würde es schlicht nicht aushalten, heute Abend zu Hause zu sitzen und mir auszumalen, wie Raul im «Vanderbilt» auf mich wartete. Wenn er auch als Mitbewohner nicht mehr infrage kam, wollte ich ihn doch kennen lernen. Was sprach schließlich dagegen, ein bisschen mit ihm zu flirten und ihn dann im Regen stehen zu lassen?

«Okay», sagte ich. «Ich gehe hin. Aber nur, um ihn auflaufen zu lassen. Er ist untendurch bei mir, nur, damit das ganz klar ist.»

Annas Augen funkelten.

«Klar, Charlotte. Natürlich.»

Um zehn nach sechs war ich wieder zu Hause. Um sieben Uhr waren die Haare an meinen Beinen, unter den Achseln und in der Bikinizone (nur aus Gewohnheit) rasiert und ich frisch geduscht und eingecremt. Um Viertel nach sieben die Haare geföhnt und zu einer eleganten Banane hochgesteckt und Wimperntusche, Kajalstift, Lippenstift und mein Lieblingsparfüm von Issey Miyake aufgetragen. Nun hatte ich noch eine halbe

Stunde Zeit, um mich anzuziehen, denn ich hatte das Taxi für Viertel vor acht bestellt. Ich öffnete beide Türen meines Kleiderschrankes, und Anna nahm auf meinem Bett Platz.

«Zuerst die Unterwäsche», kommandierte sie, «am besten was Klassisches – und diesmal keine Stilleinlagen, sonst machst du dir womöglich noch den ganzen Abend lang Sorgen, er könne was bemerken.»

Sie nahm ein weißes Seidenhöschen und ein dazu passendes Hemdchen heraus und fuchtelte mir damit unter der Nase herum.

Folgsam zog ich beides an, und sie nickte zufrieden.

«Was jetzt?», fragte ich. Ich war inzwischen ziemlich aufgeregt und froh darüber, dass Anna die Sache in die Hand nahm.

Sie legte die Stirn in Falten.

«Wie willst du denn auf ihn wirken?»

Ich überlegte. Wie wollte ich auf ihn wirken? Gut natürlich. Aber was würde ihm gefallen? Wenn er vor roten Strapsen nicht Halt machte, waren zumindest der Geschmacklosigkeit keine Grenzen gesetzt. Aber darauf würde ich mich nicht einlassen. Ich würde ihn durch Eleganz beeindrucken, entschied ich. Das hatte zudem den Vorteil, dass ich nicht die Qual der Wahl hatte, denn ich besaß nur ein einziges Kleidungsstück, das als einigermaßen elegant durchgehen konnte: das Gardinenkleid.

Das Gardinenkleid war nicht nur das eleganteste, sondern auch mit Abstand das engste Kleidungsstück in meinem Schrank. Ich nannte es so, weil es unregelmäßige Längsstreifen in verschiedenen Farben hatte, aus Rohseide war und mich daher entfernt an eine Gardine erinnerte. Männer schienen andere Assoziationen zu haben, wenn ich es trug, jedenfalls hat sich noch keiner in meiner Gegenwart darüber gewundert, dass den Saum, der eine Handbreit über dem Knie endet, keine Goldkante ziert.

Ich streifte es über, Anna zog mir den Reißverschluss am Rücken zu, und dann drehte ich mich um.

«Perfekt!», rief sie und klatschte begeistert in die Hände. «Jetzt noch hochhackige Pumps, und es wird ihm Leid tun, dass er jemals auch nur in die Nähe von roten Strapsen gekommen ist!» Sie verschwand im Flur, um nach passenden Schuhen zu suchen. Dankbar blickte ich ihr nach. Sie brachte es immer wieder fertig, mir in den entscheidenden Momenten Selbstvertrauen einzuflößen. Gut, das Kleid stand mir wirklich nicht schlecht. Bis auf die Streifen war es ganz schlicht gehalten, es hatte einen kleinen eckigen Ausschnitt, war ärmellos und tailliert, sodass es sich wie eine zweite Haut um meinen Körper legte. Aber irgendetwas störte mich. Ich drehte mich vor dem Spiegel hin und her und überlegte, und plötzlich wusste ich, was es war: Das Unterhemd warf kleine Falten unter dem Kleid und störte so den Fluss des Stoffes. Ich öffnete den Reißverschluss am Rücken nochmal und zog das Hemdchen aus. Dann schlüpfte ich in die braunen Pumps, die Anna ausgesucht hatte, und griff nach meiner Handtasche.

«Er wird in Ohnmacht fallen», rief Anna mir nach.

Das «Vanderbilt» erwies sich als eine verrauchte Kneipe in Sachsenhausen, die der Taxifahrer nur mit Mühe gefunden hatte. Schon als ich die Eingangstür öffnete, wusste ich, dass ich völlig overdressed war, und dieses Gefühl verstärkte sich noch, als ich durch das Lokal schritt, um Raul zu suchen. Die Männer starrten mich an, als überlegten sie, welches Fenster ihrer Wohnung sie mit meinem Kleid verhängen würden, nachdem sie es mir vom Leib gerissen hätten, und die Frauen lachten spöttisch und steckten die Köpfe zusammen.

Ich merkte, wie ich anfing zu schwitzen. War das schrecklich! Warum hatte ich nicht einfach eine Jeans und ein T-Shirt angezogen? Hoffentlich war Raul noch nicht da, sodass er diesen peinlichen Auftritt nicht mitbekam. Krampfhaft überlegte ich, welcher Platz geschützt war vor all den Blicken, und wollte eben auf einen kleinen runden Marmortisch an der Rückwand des Raumes zugehen, als jemand mich rief.

«Charlotte?»

Ich drehte mich um. An der Bar, in einer langen Reihe glotzender Männer, saß Raul und blickte fragend zu mir herüber.

Kurz spielte ich mit dem Gedanken, ihn einfach zu ignorieren und so zu tun, als sei ich jemand anderes. Aber meine Beine bewegten sich bereits zielstrebig in seine Richtung, und mein Mund verzog sich idiotischerweise zu einem breiten Lächeln.

«Hallo», sagte ich und blieb vor ihm stehen. Meine Hände hingen feucht und kalt links und rechts an meinem Körper hinunter, und zum hunderttausendsten Male fragte ich mich, warum Gott uns Menschen nicht wie den Kängurus eine schöne breite Tasche auf dem Bauch hatte wachsen lassen. Da könnten wir die Hände bei Bedarf souverän drin verstauen und wären nicht gezwungen, aus lauter Verlegenheit zu so blödsinnigen Dingen wie Zigaretten oder Bierflaschen zu greifen.

«Hallo», sagte Raul und blickte mir tief in die Augen. Dann stand er auf und küsste mich links und rechts auf die Wange.

Ich entspannte mich etwas und bemerkte, dass ich mein Erkennungszeichen vergessen hatte.

«Woran hast du mich erkannt?», fragte ich neugierig.

Raul zuckte mit den Schultern und musterte mich ausgiebig von oben bis unten. «Du siehst anders aus als die anderen hier.»

Er selbst trug wieder eine Jeans und statt des Polohemdes von gestern ein weißes Leinenhemd. Die obersten beiden Knöpfe waren geöffnet, und ich registrierte, dass seine Brust unbehaart war.

Er sieht auch anders aus als die anderen, dachte ich, nämlich um Klassen besser. Leider hat er aber keine Chance bei dir, meldeten sich meine kleinen grauen Zellen zu Wort, du willst ihn dir nur ansehen, ein bisschen flirten und dich spätestens um halb zehn wieder verabschieden.

Raul trank ein Bier, und ich bestellte mir auch eins. Das würde mir gut tun, ich konnte eine Abkühlung dringend gebrauchen. Wie er mich eben angesehen hatte! Schwitzend erinnerte ich mich daran, dass ich nicht nur kein Unterhemd trug, sondern noch nicht mal einen BH. Hoffentlich fragte er mich nicht als Nächstes, ob er mir zwei Pfund Silikon bestellen dürfe. Mein Bier kam, und Raul hob sein Glas, um mit mir anzustoßen.

«Ganz schön mutig von dir, so eine Annonce in die Zeitung zu setzen», eröffnete Raul das Gespräch, «die wenigsten Frauen sagen so klar, was sie wollen.»

Mir fiel ein, dass ich vergessen hatte, Anna nach dem genauen Wortlaut zu fragen.

«Du scheinst genügend Erfahrung zu haben, um das beurteilen zu können.» Nun musterte *ich* ihn von Kopf bis Fuß, und er zog amüsiert die Augenbrauen hoch.

«Sehe ich so aus?»

Er sah nicht nur so aus, sondern ich hatte ihn auch gestern Abend sozusagen in flagranti erwischt, aber das musste ich ihm ja nicht auf die Nase binden.

«Du hast in deinem Brief geschrieben, dass du meistens bekommst, was du willst.»

Er grinste. «Das hat dich neugierig gemacht, was?»

«Du bist ganz schön selbstbewusst. Die wenigsten Männer sagen so offen, dass sie nichts anbrennen lassen.»

Charlotte, du dumme Kuh, schalt ich mich. Erstens ist dir das egal, zweitens geht es dich nichts an, und drittens weißt du offiziell von nichts.

Nun lachte er lauthals. «Du wirst doch nicht jetzt schon eifersüchtig sein?»

Mist. Das war ein Eigentor. «Nur nicht so eingebildet», gab ich zurück.

Nun hatte er Spaß an der Sache gefunden und ging zum Angriff über. «Du scheinst ja auch nicht gerade eine Kostverächterin zu sein. Oder warum suchst du sonst jemanden, der nicht nur gut im Kochen, Waschen und Putzen ist, sondern der auch noch gut aussieht?»

Das durfte nicht wahr sein! Was zum Teufel hatte Anna sich da aus den Fingern gesaugt? Kein Wunder, dass sie mich nicht daran erinnert hatte, mir die Annonce einmal näher anzuschauen.

«Ich … aus beruflichen Gründen», sagte ich schnell. «Ich bin Journalistin und soll eine Serie über Männer im Haushalt schreiben, und weil einige von denen auch fotografiert werden sollen, kann es nicht schaden, wenn auch der eine oder andere Gutaussehende dabei ist!»

Das war immerhin nur halb gelogen.

«Das nenne ich ehrgeizig. Wenn ich meinen Beruf so ernst nähme, müsste ich vermutlich mit meinem Schlagzeug ins Bett gehen.» Seine Augen blitzten.

Dieser Blick! Der Mann machte mich verrückt. Und schlagfertig war er auch noch. Im Geiste ergänzte ich die Liste seiner guten Eigenschaften um diesen Punkt. In meinem Kopf herrschte Kriegsstimmung. Es hatte sich eine Art Frontlinie ausgebildet zwischen jenen Gehirnzellen, die ihn immer noch für einen niveaulosen Blondinenverkoster hielten, und einer immer größer werdenden Zahl von Überläufern, die ihn von Minute zu Minute sympathischer fanden. Trink dein Bier aus und fahr nach Hause, raunten mir die einen zu. Sei nicht dumm, riefen die anderen. Es war wie im Tollhaus.

«Falls da noch ein Platz frei sein sollte», sagte ich so emotionslos wie möglich.

Raul nahm einen tiefen Schluck aus seinem Glas und blickte mich dann ernst an. «So schlimm, wie du glaubst, bin ich gar nicht.»

Haha.

Ungerührt fuhr er fort: «Und nun lass uns mal Tacheles reden. Du suchst also jemanden, der dir den Haushalt macht, und dafür vermietest du ein Zimmer für einen Appel und ein Ei. Ist das richtig?»

Ich nickte.

«Darf ich fragen, ob dein Arbeitgeber das Projekt finanziert?»

«Warum willst du das wissen?»

«Um abschätzen zu können, was genau deine Motive sind und wie lange ich theoretisch bei dir wohnen könnte.»

«Noch habe ich mich nicht für dich entschieden.»

«Wirst du aber. Spätestens wenn ich dir gesagt habe, was für ungeahnte Fähigkeiten in mir schlummern.»

«Auf welchem Gebiet?»

Er lachte und machte eine weit ausholende Handbewegung. «Was gerade so ansteht. Ich habe jahrelang in einer WG gewohnt und bin es gewöhnt, anzupacken.»

Mir fiel ein, was sein Betthäschen gestern ausgeplaudert hatte: dass die Leute in seiner WG momentan nicht gut auf ihn zu sprechen seien. Aber darauf konnte ich ihn ja schlecht direkt ansprechen.

«Und wo wohnst du im Moment?»

Er zögerte. «Bei einem Freund.»

«Bei einem Freund?», fragte ich gedehnt.

Er nickte. «Nur vorübergehend. In meiner WG gab's ein bisschen Ärger, und da bin ich weg. Zurück will ich auch nicht, jedenfalls nicht sofort, und deswegen suche ich jetzt übergangsweise was anderes.»

Ich überlegte. Sollte ich ihn weiter verhören, um herauszufinden, ob er nicht vielleicht doch ein geeigneter Mitbewohner war, oder sollte ich mich einfach von meinem Gefühl leiten lassen, den Abend genießen und später entscheiden, was ich tun würde?

Ich entschied mich für Letzteres. Schließlich war das Ganze keine Staatsaffäre, und im Zweifel würde das Zimmer eben erst mal leer stehen. Ich bestellte noch ein Bier und begann, ihn über seine Band auszufragen.

Um kurz vor zwei fiel die Wohnungstür hinter mir ins Schloss. Und hinter Raul. Ich legte den Finger auf die Lippen und signalisierte ihm, dass er leise sein sollte. Nichts wäre mir peinlicher gewesen, als jetzt Anna über den Weg zu laufen. Das hier, das

war ganz klar, würde kein intellektuelles Gespräch bei Kerzenschein werden.

Gespräche jedweder Art hatten wir schon auf der Rückbank des
Taxis eingestellt. Dort nämlich hatte Raul zum ersten Mal den
Arm um meine Schultern gelegt und mich geküsst. Zu diesem
Zeitpunkt hatte ich eigentlich noch vorgehabt, mich von ihm
absetzen zu lassen und ihn zu seinem Freund zu schicken. Doch
während wir uns küssten, änderte ich meine Meinung. Gegen
Mitternacht hatten zwei Caipirinha eine breite Schneise in die
ohnehin schon stark ausgedünnte Abwehrfront in meinem Kopf
gerissen, sodass es der Gegenseite, während ich in Rauls Armen
lag, leicht gefallen war, die letzten Wälle der Verteidigung zu
stürmen, die vergeblich darauf hinwies, dass ich mir vorgenommen hätte, keine Affären mehr zu haben, sondern nach «dem
Richtigen» zu suchen.

Was soll's, hatten die kleinen grauen Zellen mir zugeraunt, du
bist schließlich niemandem Rechenschaft schuldig. Rauls Zunge
in meinem Mund hatte ein Übriges getan, mich davon zu überzeugen, dass dies ohnehin mehr werden würde als eine Affäre.

Ich überlegte kurz, ob ich ihm in der Küche noch etwas zu trinken anbieten sollte, entschied mich dann aber dagegen. Er war
ganz bestimmt nicht mit hochgekommen, um mit mir in der
Küche zu stehen. Also führte ich ihn in mein Schlafzimmer und
zündete ein paar Kerzen an, machte eine Flasche Sekt auf und
legte eine CD von Dave Brubeck ein. Ich finde nichts alberner
als Frauen (und auch Männer), die sich in solchen Momenten
zieren, obwohl sie genau wissen, worauf sie sich eingelassen haben.

Mein Schlafzimmer ist bis auf die eierschalfarbenen Wände und
das Parkett ganz in Blau gehalten: blau-beige gestreifte Vorhän-
ge, ein blauer handgeknüpfter Teppich und ein alter, blau ange-
malter Bauernschrank. Das Bett ist sehr verschnörkelt und aus
Messing und hat einen Himmel aus nachtblauer Seide. Ansonsten steht nur noch ein großes Bücherregal in dem Raum.

Raul war damit beschäftigt, die Buchrücken zu mustern. Er würde doch nicht einer von denen sein, die sich zieren?

Ich trat mit zwei Sektgläsern in der Hand zu ihm und reichte ihm eines.

«Auf unseren ersten gemeinsamen Abend!», sagte er und hob sein Glas.

Das war zwar nicht besonders originell, und ich überlegte, ob er das zu der Blondine auch gesagt hatte, bevor er sich über ihre rote Wäsche hergemacht hatte, aber immerhin sprach es dafür, dass er den Rest der Nacht nicht vor dem Bücherregal verbringen wollte. Also hob ich mein Glas und stieß mit ihm an.

«Auf diesen Abend!»

Dann sahen wir uns eine ganze Weile lang in die Augen. Als ich das Gefühl hatte, es keine Sekunde mehr auszuhalten, ohne mich wegen akuten Herzversagens auf den Weg in die Notaufnahme machen zu müssen, klingelte sein Handy.

Raul reagierte nicht.

«Geh doch ran», forderte ich ihn auf, «du bist ja noch wach.»

Er schüttelte den Kopf. «Unsinn, um die Uhrzeit.»

«Doch, geh ran», langsam wurde ich neugierig, wer ihn da so dringend sprechen wollte, «sonst wird Anna noch wach von dem Lärm.»

Ich nahm sein Handy von dem Stuhl, auf dem er es gemeinsam mit seinem Schlüsselbund und seinem Geldbeutel abgelegt hatte, und reichte es ihm auffordernd.

Widerwillig nahm er es. «Roßmann.»

Ich konnte nicht verstehen, was die Person am anderen Ende der Leitung sagte, aber dass es sich um eine aufgeregte Frauenstimme handelte, war nicht zu überhören. Raul schien zu bemerken, dass ich aufmerksam lauschte, und zog sich mit dem Handy am Ohr langsam in die andere Ecke des Raumes zurück.

Nach einer ganzen Weile sagte er: «Ich kann jetzt nicht. Glaub mir, es geht jetzt nicht. Lass uns morgen in Ruhe darüber sprechen.»

Die Frau schien noch etwas zu sagen, denn seine Miene verdüsterte sich. Schließlich sah er auf seine Armbanduhr und antwortete: «Okay. Bis dann.»

«Bis wann?», fragte ich.

Raul antwortete nicht. Er starrte wieder auf die Buchrücken.

Mist. Was war denn jetzt nur los? War da etwa die mit den Strapsen am Telefon gewesen? Oder gar noch eine andere Kandidatin? Der Mann hatte für meinen Geschmack etwas zu viele Eisen im Feuer.

«Wenn du los musst, kein Problem», sagte ich.

Erleichtert sah er mich an.

«Dringende Sache. Meine Cousine … sie hat sich ausgesperrt, und ich bin der Einzige, der einen Ersatzschlüssel hat.»

Und ich bin anscheinend die Einzige, die auf so einen Mist nicht hereinfällt, dachte ich.

Er war schon dabei, seine Sachen wieder in seine Hosentaschen zu stopfen.

«Ich ruf dich an, ja?»

Ich nickte und sah ihm nach. Dann hörte ich, wie die Tür ins Schloss fiel.

Vier

«Das darf ja wohl nicht wahr sein. Der Mann scheint als kleiner Junge in eine Schüssel Viagra gefallen zu sein!»

Es war halb zwölf Uhr vormittags, und ich hatte Anna, die auf dem Wohnzimmerteppich lag und dabei war, ihre Bauchmuskeln mit Sit-ups zu stählen, gerade einen Überblick über die Ereignisse des gestrigen Abends verschafft. Dabei hatte ich mich bemüht, sie nicht allzu sehr merken zu lassen, wie deprimiert ich war.

«Du glaubst also die Geschichte mit der Cousine auch nicht?», fragte ich sicherheitshalber nochmal nach und fühlte mich dabei, als bohrte ich mir einen glühenden Schaschlikspieß in die Brust.

Anna schnaubte nur verächtlich, um sich den Sauerstoff, den sie nicht in ihre Sit-ups investieren wollte, für ihre nächsten Worte aufzusparen.

«Vergiss ihn», sagte sie. «Wenn der mit seiner Cousine zusammenwohnt, fange ich eine Affäre mit meiner Großtante Hildegard an. Mit so jemandem brauchen wir unsere Zeit nicht zu verschwenden. Schließlich fliege ich in sechs Tagen, und ich kann die Auswahl unmöglich dir allein überlassen. Sonst bläst du die ganze Sache womöglich ab und vermietest an eine Raumpflegerin.» Sie zog eine Grimasse.

Ich lachte und kramte entschlossen den Umschlag mit den übrigen Zuschriften hervor. Nachdem ich ihn auf dem Wohnzimmerteppich ausgeschüttet hatte, entschied Anna, dass ihre Bauchdecke für diesen Vormittag genug strapaziert worden sei, und hockte sich neben mich. Als wir das Häuflein Briefe lange genug gemustert hatten, griff sie nach einem grauen Umschlag aus Umweltschutzpapier und sagte: «Der hier scheint jedenfalls noch nicht näher mit Strapsen in Berührung gekommen zu sein.

Wetten, das ist einer von der biodynamischen Sorte, der sein Sexualleben streng nach dem Mondkalender organisiert?»

Ich ratschte den Umschlag mit den Fingern auf und zog ein farblich exakt zum Umschlag passendes und mit Rechenkästchen bedrucktes Blatt hervor.

Hey!
Echt coole Annonce, so was spricht mich voll an. Finde es auch schwer in Ordnung, wenn frau sich nicht den patriarchalen Strukturen unterordnet und jemanden sucht, der ihr die Pantoffeln hinterherträgt. Als Gegenleistung für Dienstleistungen jeglicher Art erwarte ich lediglich ein gewisses Entgegenkommen in Sachen interpersoneller Kommunikation, wenn du weißt, was ich meine …

Ich ließ den Brief sinken und guckte Anna ratlos an: «Was meint er denn damit?»

Sie stöhnte. «Charlotte, auf was für einem Planeten lebst du bloß? Er meint, dass du ihm ab und zu einen blasen sollst oder so was in der Art. Und im Zweifel mit dem selbst gezogenen Gemüse reden sollst.»

Genervt legte ich die Rechenkästchen beiseite. Was für ein Spinner! Dagegen waren Raul und seine Cousine ja noch gar nichts. Ich fühlte mich allmählich wie früher als Kind vor meinem Adventskalender, wo ich hinter jedem Türchen eine Superüberraschung vermutet hatte und vom 2. Dezember an jeden Tag enttäuscht gewesen war, dass immer nur ganz gewöhnliche Schokolade oder, schlimmer noch, einfach nur *Bilder* zum Vorschein kamen – sogar am Heiligen Abend!

«Hier ist noch einer», sagte Anna und wedelte mit dem nächsten Umschlag. Er war dunkelblau, genau wie das Briefpapier, und ein Foto gab es auch. Darauf war ein Mann zu sehen, den die Kollegin, die die Rubrik «Fisch sucht Fahrrad» bei der «Annika» betreute, als «attraktiven, gut gebauten Mittdreißiger» beschrieben hätte. Er war groß, blond und trug nur eine Bade-hose, da er gerade ein Wellenbrett an einem Strand spazieren trug. Sein Gesicht war allerdings nur schwer zu erkennen, weil er gegen die Sonne guckte und die Augen zugekniffen hatte und das Ganze auch noch hoffnungslos überbelichtet war, aber schöne Haare hatte er, das stand fest. Sie waren lockig und wirr und vermittelten einem das Gefühl, dass der Mann zumindest auf dem Kopf auch dann gut aussah, wenn er es gar nicht woll-te.

«Lecker», sagte Anna, die über meine Schulter guckte, «willst du den Brief noch lesen oder sofort anrufen?»

«Anna!»

Ich schnappte mir den Brief und las ihn laut vor:

Meine Liebe,

normalerweise gehöre ich nicht zu der Art Mann, die sich herumkommandieren lässt, aber mein Vermieter hat mir we-gen Eigenbedarfs gekündigt, und ich brauche noch für genau ein halbes Jahr eine Wohnung, bevor ich nach Neuseeland auswandere. Da ich so viel Geld wie möglich sparen will (möchte dort neu anfangen und eine Känguruzucht auf-bauen), kommt mir dein Vorschlag gerade recht. Ich heiße Tiemo Schlippschuh, bin 34, nicht unattraktiv, wie du siehst, und studierter Biologe. Falls du Interesse hast, mich kennen zu lernen, ruf bitte an.

Anna pfiff durch die Zähne: «Meine Liebe – wenn das kein gu-ter Anfang ist …»

«Meinst du?»

«Na klar! Der Mann weiß, was er will!»

«Aber deswegen will ich ihn noch lange nicht.»

«Musst du ja auch nicht. Du suchst nur einen Mitbewohner, er-innerst du dich?»

Hatte ich einen Augenblick lang vergessen, aber man konnte

schließlich nicht wählerisch genug sein, wenn man mit jemandem seine Wohnung teilte. Immerhin würde ich mich darauf verlassen müssen, dass er beim Duschen nicht in die Wanne pinkelte und keine Erreger von Geschlechtskrankheiten in unser Bad schleppte. Was ihm genau genommen nicht schwer fallen dürfte, wenn er sich hauptsächlich für Kängurus interessierte.

Anna schien auch dieser Meinung zu sein: «Wahrscheinlich ist er ein ganz tierlieber Zeitgenosse, der als Kind nie ein Haustier haben durfte und jetzt ein wenig Nachholbedarf hat. Garantiert gonokokkenfrei und stubenrein. An deiner Stelle würde ich mir den mal näher anschauen.»

«Wenn du meinst. Dann rufe ich am besten jetzt gleich an, was?»

Anna nickte, und ich machte mich auf die Suche nach dem schnurlosen Telefon, das in einem Haufen schmutziger Wäsche im Bad versteckt war. Würde mir gut tun, so ein Hausmann, entschied ich im Stillen und wählte Tiemos Nummer, wobei ich mit dem Gedanken spielte, einen «Zugehmann» für uns beide zu engagieren, wenn Anna von ihrer Reise zurück wäre.

Es klingelte endlos, und als ich gerade begann, mich zu wundern, warum der Mensch keinen Anrufbeantworter besaß, nahm jemand ab.

«Schlippschuh.»

Ich spulte die Einleitung ab, die ich für den Fall Roßmann einstudiert hatte, und Tiemo zeigte sich höchst erfreut über meinen Anruf. Ich entschied, mich ein wenig wichtig zu machen, und verzichtete daher darauf, ihn über die Begegnung mit Raul, den Inhalt der übrigen Zuschriften und insbesondere die Kommunikationswünsche des einen oder anderen seiner Geschlechtsgenossen aufzuklären. Stattdessen gab ich vor, bei der Auswahl derjenigen, die ich anrufen wollte, nach dem Losverfahren vorgegangen zu sein, da die Zahl der Bewerbungen es nicht zugelassen habe, sich mit deren Inhalt näher zu beschäftigen. Angesichts dieser Masse an Konkurrenten stimmte er ohne

Zögern zu, als ich ihn für denselben Nachmittag in den Palmengarten bestellte.

«Wie bitte?»

Tiemo und ich spazierten an einem besonders üppig blühenden Rosenbeet vorbei, und er hatte mir soeben eröffnet, dass er sich streng vegan ernähre.

«Aber willst du nicht in Neuseeland Kängurus züchten?», fragte ich, während ich Appetit auf ein Schinkensandwich bekam.

Er nickte. «Aber das heißt ja nicht, dass ich sie schlachten muss, nicht wahr?»

Jetzt verstand ich gar nichts mehr. Soweit ich wusste, verzichteten Veganer nicht nur darauf, tierische Produkte jeglicher Art, also auch Käse, Milch, Butter oder Eier, zu sich zu nehmen, sondern lehnten es auch ab, andere Tierprodukte wie Leder oder Wolle zu nutzen: Der Wollpullover verkörpere Unrecht am Schaf und für Ledersohlen müssten schließlich Kühe ihr Leben lassen. Was wollte Tiemo dann mit einer Känguruzucht?

«Ich will dafür sorgen, dass sie ihr Leben in Freiheit und Würde leben können.»

Ich konnte nicht umhin, mir vorzustellen, was er als mein Hausmann so kochen würde, und sagte erst einmal gar nichts. Tiemo interpretierte mein Schweigen offensichtlich als Interesse und begann, mich darüber aufzuklären, dass australische Redneck-Kängurus inzwischen selbst im Bayerischen Wald gezüchtet würden, um anschließend in deutschen Restaurants auf den Tellern irgendwelcher Barbaren zu landen. Da liege doch nichts näher, als den Tieren in ihrer Heimat die Möglichkeit zu geben, unbeschwert in den Tag hineinzuleben und frei von Zwängen alt zu werden.

«Und wovon willst du leben und alt werden, wenn du die Kängurus nicht verkaufst?»

«Ich habe Fördergelder beantragt, für artgerechte Tierhaltung und so», antwortete er vage.

Ich beschloss, das Thema nicht weiter zu vertiefen, und überlegte, was Anna zu Tiemo sagen würde. Vermutlich würde sie ihn als Eignungstest für seinen Job als Hausmann zunächst ein Steak braten, dann alle Lederschuhe putzen und zu guter Letzt unseren gesamten Vorrat an Wollsocken per Hand waschen lassen. Er würde mitspielen, weil er Miete sparen wollte, doch kaum wäre sie weg, würde er den Spieß umdrehen und mir, wenn überhaupt, abends Sellerietaler mit Möhrensauce vorsetzen und meine Seidenunterwäsche verbrennen («Seidenraupen haben schließlich auch Gefühle!»).

Ich musterte ihn nochmals genau, während ich vorgab, seinen Ausführungen über die Intelligenz der Hauskatze zu lauschen, und entschied, dass ich ihn mir nicht antun würde. Das war zwar schade, denn hübsch war er ohne Zweifel, aber was nützte gutes Aussehen, wenn ich gezwungen sein würde, mich ein halbes Jahr streng vegan zu ernähren?

Tiemo plauderte noch ein wenig über die Fortpflanzungsmethode der Stechmücken – die Weibchen, so berichtete er, besäßen einen Samenspeicher, in dem sie die Samen der Männchen sammelten, um sich anschließend immer wieder ohne deren Zutun selbst damit zu befruchten – und fragte mich dann ohne Überleitung, wann er denn nun einziehen könne. Ich faselte irgendwas von «in vierzehn Tagen, und ich ruf dich vorher nochmal an» und verabschiedete mich, ohne meine Telefonnummer zu hinterlassen.

Als ich nach Hause kam, lag Anna auf dem Sofa und sah mich erwartungsvoll an.

«Wieder nichts», sagte ich und berichtete von glücklichen Kängurus und unglücklichen Stechmückenmännchen.

Anna lachte sich halb tot und schien außerstande, die Dramatik der Situation zu erfassen: In einer knappen Woche würde sie im Flugzeug und ich ohne Hausmann dasitzen. Ich würde die Wohnung allein in Schuss halten müssen und meinen Job verlieren, weil ich zwar eine zehnteilige Serie über die einsamen Abende einer Single-Frau, nicht aber über erfolgreiche junge Männer – weder im Beruf noch im Haushalt, noch im *Bett*, wie mir schmerzlich klar wurde – würde abliefern können.

Verzweifelt musterte ich das arg geschrumpfte Häuflein der Briefe, die wir noch nicht geöffnet hatten, und wollte gerade nach einem recht unspektakulär aussehenden weißen Umschlag greifen, als das Telefon klingelte.

«Geh ran», sagte Anna, «ist bestimmt der Knabe von heute Nacht.»

«Geh du ran und sag, ich sei nicht da. Ich muss mir erst überlegen, was ich sagen will.»

«Dass du nicht da bist, kann der Anrufbeantworter auch sagen.»

Anna sprang vom Sofa und drückte die Mithörtaste.

«Hallo Charlotte», tönte Rauls Stimme aus dem Lautsprecher, «ich bin's.»

Anna und ich guckten uns an und verdrehten die Augen. Dass die Vertreter der «Ich bin's»-Fraktion noch immer nicht ausgestorben waren, wunderte uns seit unserem zwölften Lebensjahr, dem Jahr, in dem wir begonnen hatten zu begreifen, dass sich Jungen und Mädchen nicht nur dadurch unterscheiden, dass die einen lieber Haferflocken aßen, weil hinten auf der Packung Sammelpunkte für wunderbare Tierbücher waren, in denen der Absender der Sammelpunkte auch noch als Hauptperson auftauchte, und die anderen lieber Hanuta, weil darin olle Klebebilder mit Spielern der deutschen Fußballnationalmannschaft steckten. «Ich bin's»-Sager gehörten immer zu den Hanuta-Essern und waren in jener Zeit dazu übergegangen, sich außer für Klebebilder eben auch für uns Mädchen zu interessieren. Wenn man aber wie Anna und ich einigermaßen gut aussah (jetzt mal abgesehen von Kraterporen und Konjunktivbeinen) und auch noch so schnell laufen konnte, dass man es mit einem Jungen beim Fangspiel ansatzweise aufnehmen konnte, passierte es einem regelmäßig, dass das heimische Telefon nach dem Besuch des «Rockpalast» am Sonntagnachmittag spätestens am Sonntagabend mehrfach klingelte und diverse «Ich bin's»-Sager dran waren, die sich allein dadurch zu dieser Einleitung berechtigt sahen, dass wir ihnen erlaubt hatten, uns zu einem Klammerblues aufzufordern. Weil man sich aber beim Klammerblues-Tanzen bekanntermaßen nicht besonders viel unterhält, wussten wir am Abend nie, mit welchem Tänzer wir es zu tun hatten, was uns sehr zur Freude unserer Eltern davon abhielt, uns mit einem von ihnen zum Schlittschuhlaufen oder, je nach Jahreszeit, ins Freibad zu verabreden – aus Angst, es könne der Falsche sein.

Raul also war einer von ihnen. Ich hätte es ahnen müssen. Einer, der es schaffte, gleich am ersten Abend «noch mit reingenommen» zu werden, kam natürlich gar nicht auf die Idee, jemand könne seine Stimme nicht wieder erkennen. Und lag damit auch noch richtig, wie ich zu meinem Bedauern zugeben musste.

Jedenfalls schien er seine «Cousine» auf Reisen geschickt oder aber mit zugeklebtem Mund ans Bett gefesselt zu haben, denn er schlug vor, ich solle am Abend zu einem seiner Konzerte kommen, um danach mit ihm noch was trinken zu gehen. Was trinken, ha!

Ich nahm mir vor, ihn am besten gar nicht, frühestens aber 48 Stunden später zurückzurufen, und zwang mich, zu dem Brief zu greifen, den ich zuvor schon anvisiert hatte. Sein Inhalt war enttäuschend, ebenso wie die übrigen Bewerbungen, die noch auf dem Teppich gelegen hatten: die eines Krankengymnasten, der sich brüstete, eine natürliche Begabung zur Früherkennung von Mottenbefall in der Wohnung zu besitzen und der in seinem Schreiben sämtliche Mottenbekämpfungsmöglichkeiten vom Mittelalter bis in die Neuzeit aufgelistet hatte, die eines französischen Kochs, der sich dadurch hervorzutun suchte, dass er außer einem großformatigen Foto in Bodybuilderpose ein französisches Originalrezept für Ochsenschwanzsuppe beigelegt hatte, und die eines Psychologen, dessen Schreiben die Vermutung nahe legte, dass er besser in einer geschlossenen Anstalt aufgehoben wäre als allein mit mir in meiner Wohnung.

Nun steckte nur noch eine Postkarte in dem Umschlag von der «Zypresse», die ich bislang übersehen hatte. Anna zog sie heraus und lachte. Auf der Vorderseite war eine Karikatur von Greser & Lenz abgebildet, die einen ungewaschenen Kerl im Unterhemd zeigte, der seinen unrasierten Kopf aus der geöffneten Wohnungstür streckte und einer Reporterin vom Radio ins Mikrophon sprach: «Was Frauen leisten? Meine leistet sich jedes Jahr einen neuen Pelzmantel und regelmäßig einen verbrannten Schweinebraten!» Auf der Rückseite stand in einer locker-entspannten Männerschrift:

Keine Angst!
Ich sehe nicht so aus und habe auch ein anderes Frauenbild.
Aber da du einen Hausmann suchst, scheinst du für althergebrachte Rollenbilder nicht viel übrig zu haben und wirst über so etwas genauso lachen können wie ich.
Warum ich gerne bei dir einziehen würde? Du wirst es kaum glauben, aber ich bin einer von denen, die kein Problem damit haben, einer netten Frau einen unverbrannten Schweinebraten zuzubereiten, und was das Putzen angeht: Das muss man in teureren Wohnungen auch, und so viel mehr Dreck als ich wirst du schon nicht machen.
Warum ich kein Foto mitschicke? Weil ich nicht will, dass ich das Zimmer aufgrund meines Aussehens bekomme.
Neugierig? Dann ruf mich an …

«Na, Minderwertigkeitskomplexe scheint der jedenfalls nicht zu haben!», sagte Anna.

«Und Angst vor Hausarbeit auch nicht», ergänzte ich. Zumindest meinen Job wollte ich behalten, wenn schon nicht «der Richtige» bei dieser ganzen Aktion gefunden werden würde.

Dieser Mann also, sollte er mir glaubhaft versichern, dass er wirklich gerne Schweinebraten und andere Dinge kochte und außerdem auch noch die Wohnung sauber machte, würde hier einziehen und der erste Kandidat für meine Serie werden, unabhängig von den anderen Punkten auf Saschas und meiner Liste.

Anna hockte sich gespannt neben mich, als ich die angegebene Nummer wählte. Nach dem zweiten Klingeln hob jemand ab.

«Wilhelm?»

«Guten Tag», sagte ich und spulte wieder meine Einleitung ab.

«Schön, dass du anrufst, Charlotte», sagte er, «kann ich dich gleich zurückrufen? Ich telefoniere nämlich gerade noch auf der anderen Leitung.»

Verdutzt bejahte ich und gab ihm meine Nummer.

«Nicht dumm», sagte Anna, «jetzt weiß er schon mal deine Telefonnummer. Man darf gespannt sein.»

«Meinst du, das stimmte gar nicht?»

Anna zuckte die Schultern. «Ist doch auch egal, oder? Falls er irgend so ein Irrer ist, der hier demnächst Telefonterror macht, lässt du dir einfach eine neue Nummer geben.» Sie grinste.

Das war mal wieder typisch. Auf so eine Idee würde ich gar nicht kommen. «Charlotte, du naive Kuh», schalt ich mich, «du solltest besser wieder zu deinen Eltern aufs Land ziehen als einen Hausmann anzuheuern. Sonst landest du am Ende noch in Stücke zerlegt in der Tiefkühltruhe …»

Gott sei Dank klingelte das Telefon, bevor ich meine Gedanken weiter vertiefen konnte.

«Hallo Charlotte, hier ist Philipp. Tut mir Leid, dass ich dich vorhin abgewürgt habe.»

«Philipp? Ich dachte, du heißt Wilhelm?»

Er lachte. «Nein, ich habe nur auf den Anruf eines Wilhelm gewartet und dachte, er sei du. Ich heiße Philipp Kurz.»

«Ach so. Na dann, Philipp, meine Freundin und ich haben schon festgestellt, dass du nicht gerade unter mangelndem

Selbstbewusstsein leidest. Ich schlage vor, ich überzeuge mich am besten selbst davon, wie toll du bist, und wir treffen uns heute Abend im ‹Underground›.»

«Nur nicht so skeptisch. Waren die anderen Zuschriften so unerfreulich, oder warum glaubst du nicht mehr wirklich daran, dass dir ein netter Kerl ohne Hintergedanken den Haushalt machen will, weil er das nicht weiter schlimm findet, wenn er dafür schön und billig wohnt?»

Ich zögerte. Philipp hatte ins Schwarze getroffen, aber das konnte ich natürlich nicht zugeben.

«Die anderen Zuschriften waren gar nicht schrecklich, aber die Bewerber sind alle durch den Kochtest gefallen», sagte ich schließlich, während Anna mir einen Vogel zeigte. «Kannst du Linsen mit selbst gemachten Spätzle kochen und zum Nachtisch Mousse au Chocolat?»

«Klar», sagte er nach einer kurzen Pause, in der er wahrscheinlich versucht hatte, sich darüber klar zu werden, wie man «Mousse» buchstabiert, «wenn du mit den ganzen Kalorien fertig wirst, ohne aus Konfektionsgröße 34 zu platzen …»

Nachdem ich einen Blick auf Anna geworfen hatte, die beide Daumen in die Höhe streckte, entschied ich, mich auf kein weiteres Wortgefecht einzulassen. Wir verabredeten uns für 20 Uhr vor dem Eingang des «Underground», und dann verabschiedete ich mich schnell.

Als ich mich um halb acht auf den Weg machen wollte, kam Anna aus ihrem Zimmer geschossen und musterte mich von Kopf bis Fuß. Ich trug eine ausgewaschene Jeans, eine helle, ärmellose Bluse und kein bisschen Make-up.

«Und wenn er nun doch ganz attraktiv ist?», fragte sie.

«Was soll das heißen?»

«Na ja, ein bisschen mehr Mühe hättest du dir schon geben können. Man weiß ja nie. Wenn du so weitermachst, müssen deine Mutter und deine Oma sogar bei ihrer Exhumierung fünfzig Jahre nach der Beerdigung nochmal los und ein paar Mark in Kerzen investieren.»

«Er wird froh sein, wenn ich bei seinem Anblick nicht gleich schreiend weglaufe. Und attraktiver als Raul ist sowieso kein Mann in der Stadt.»

«Wenn du meinst», sagte sie nur und kehrte in ihr Zimmer zurück.

Um kurz vor acht war es so weit. Noch während ich die Straße, die zum «Underground» führte, entlangradelte, sah ich, dass jemand am Eingang wartete. Ich überlegte, ob es Philipp sein könnte. Der Typ war groß, hatte dunkle Locken und trug zu seinen Jeans ein helles kariertes Hemd. Leider guckte er in die andere Richtung, sodass ich sein Gesicht nicht erkennen konnte. Als ich kurz vor der Kneipe vom Rad stieg und es an einer Laterne festmachte, drehte er sich jedoch um und kam nach kurzem Zögern auf mich zu.

«Bist du Charlotte?»

Ich blickte auf und geradewegs in die grünen Augen vom vorvergangenen Donnerstag.

Zunächst einmal konnte ich gar nichts sagen, weil ich damit beschäftigt war, die kleinen grauen Gehirnzellen zurechtzuweisen, die von innen gegen meine Schädeldecke hämmerten und mir zuriefen, dass wohl keine Zweite in ganz Frankfurt so blöd sei, in alten Jeans und ohne Make-up zu einem Blind Date zu gehen.

Dann fiel mir ein, dass ich keinen BH, geschweige denn auch nur die Andeutung eines Push-up-Pölsterchens trug. Also verschränkte ich schnell die Arme vor der Brust und tat so, als friere ich ein wenig.

«Und kennen wir uns nicht? Warst du nicht neulich auf der Vernissage beim ‹Stadtjournal›?», fragte er.

O Gott, er erinnerte sich. Wahrscheinlich hatte er sofort bemerkt, dass seine Frage damals nur allzu berechtigt gewesen war, und suchte nun nach einer Möglichkeit, sich höflich zurückzuziehen.

«Wenn du im Halteverbot geparkt hast oder so, kein Problem. Ich kann schon mal reingehen und nach einem Tisch Ausschau halten, während du in Ruhe einen schönen Parkplatz suchst», schlug ich schnell vor. Sicherlich würde er meinen Wink verstehen und sich auf diese Weise elegant zurückziehen.

Philipp guckte mich verwirrt an und sagte: «Nicht nötig. Ich bin auch mit dem Rad da.»

Mist. Charlotte, der muss ja denken, du seist nicht ganz dicht. Jetzt konzentrier dich mal auf das Wesentliche und vergiss für einen Moment deine Oberweite. Schließlich suchst du bloß einen Hausmann, und deswegen gibt es keinen Grund, so aufgeregt zu sein.

«Ja, dann …» Ich blickte ihn an und wusste schon wieder nicht, was ich sagen sollte.

«Dann lass uns mal gemeinsam nach einen Tisch Ausschau halten, Charlotte», sagte er und lächelte aufmunternd.

Er ging voran, und ich trottete hinterher, wobei ich herauszufinden versuchte, woran es liegt, dass der Grad der eigenen Unsicherheit stets mit der Selbstsicherheit des Gegenübers korreliert, nur eben mit umgekehrtem Vorzeichen.

Es stellte sich heraus, dass Philipp nicht so unsympathisch war, wie er auf der Vernissage auf mich gewirkt hatte. Eigentlich konnte man sich sogar ganz gut mit ihm unterhalten. Er war so alt wie ich, war als Sohn eines Deutschen und einer Amerikanerin in New York aufgewachsen und hatte dort als Sozialarbeiter gearbeitet. Irgendwann hatte er beschlossen, dass es im Leben noch mehr geben müsse als Harlem, die Bronx und den Central Park, und sich auf nach Europa gemacht. Zunächst hatte er in Paris und Wien gelebt und versucht, sich darüber klar zu werden, ob sein Interesse an der Malerei mehr als eine Laune war. Vor einigen Monaten hatte er dann einen Platz an der renommierten Berliner Hochschule der Künste bekommen und beschlossen, sich bis zum Beginn seines Studiums im Herbst ein wenig in Deutschland umzusehen. Weil es ihm in Frankfurt gut gefiel, hatte er sich hier nach einem Übergangsjob umgesehen und eine Stelle als Aushilfe in einer Galerie gefunden.

Ich war beruhigt, einerseits. Anna hatte mir, mehr als ich mir selbst eingestanden hatte, Angst gemacht mit ihrer Bemerkung von Psychoterror am Telefon. Denn es war ja wirklich nicht auszuschließen, dass ich mir per Annonce einen Irren in die Wohnung packte, der eines Nachts mit einer Kettensäge auf mich losgehen würde. Bei Philipp schien mir so etwas ausgeschlossen, obwohl ich ihn erst so kurz kannte.

Ich war beunruhigt, andererseits. Denn wenn er wirklich so unkompliziert und umgänglich war, wie es den Anschein hatte, noch dazu, wo er gar nicht so schlecht aussah – er hatte ein fröhliches Gesicht, eine etwas zu große Nase und ein ständiges Funkeln in den lebendigen grünen Augen –, warum um Himmels willen hatte er es dann nötig, mir den Haushalt zu machen?

Wahrscheinlich will er das gar nicht mehr, nachdem er dich kennen gelernt hat, Charlotte, raunten die kleinen Freunde in meinem Dachstübchen mir zu und grinsten schadenfroh. Hättest du mal auf Anna gehört und dich ein wenig hübscher hergerichtet und die Wolle-mit-Seide-Stilleinlagen hervorgekramt, bevor du losgegangen bist. Dann müsstest du jetzt nicht die ganze Zeit kerzengerade dasitzen und die Brüste rausstrecken, als trügest du zwei Schultüten spazieren, sondern könntest auch mal einen intelligenten Gesprächsbeitrag leisten.

«Wieso bist du eigentlich damals so überstürzt weggelaufen, nachdem ich dich angesprochen hatte?», fragte Philipp mitten in meine Gedanken hinein.

O nein. Auf diese Frage hatte ich irgendwie schon den ganzen Abend gewartet, wobei ich gegen zehn Uhr dazu übergegangen war zu glauben, er sei taktvoll genug, die Sache einfach zu vergessen.

Okay. Charlotte, konzentrier dich. Sei selbstbewusst, witzig und vor allem: locker. Was *denkt* er wohl, warum du gegangen bist? Und die Sache mit der Penisverlängerung, um Gottes willen. Das hast du ihn ja auch noch gefragt.

«Erzähl ich dir gleich», sagte ich und erhob mich, «ich muss nur eben mal wohin.»

So. Das würde mir erst mal Luft verschaffen. Ich gratulierte mir zu meiner Geistesgegenwart und bemühte mich, möglichst elegant die kleine Wendeltreppe zu den Toiletten hinabzuschreiten. Unten angekommen, sah ich, was ich erwartet hatte: eine Telefonzelle. Ich kramte meine Telefonkarte hervor und wählte unsere Nummer.

Nach dem dritten Klingeln war Anna dran und ich schilderte ihr die Lage, wobei ich mich bemühte, meine Stimme nicht allzu schrill werden zu lassen.

«Du musst ganz locker bleiben», sagte sie.

«Danke für den Hinweis.» Ich stöhnte innerlich. Er würde glauben, ich leide an chronischer Verstopfung, wenn sie sich nicht bald was Hilfreicheres einfallen ließe.

«Du könntest so tun, also hättest du seine Frage zwischenzeitlich vergessen, und ihn stattdessen was unheimlich Spannendes fragen, sobald du dich eurem Tisch näherst.»

Ich sah mich, noch auf der Wendeltreppe stehend, wie ich ihm quer durchs Lokal zurief: Und wie lang ist er nun wirklich, dein Penis?

«Hast du noch eine andere Idee, Anna?»

«Na ja, oder du sagst einfach, wie es wirklich war.»

Toll. Darauf wäre ich ja nie gekommen.

«Ich muss jetzt wieder, dank dir», rief ich in den Hörer und legte auf. Das Geld hätte ich mir sparen können. So viel zum Thema «Was hätte Anna jetzt gesagt?».

Langsam stieg ich die Treppe wieder hinauf und ließ mich lächelnd auf meinen Stuhl sinken.

«Wo waren wir nochmal stehen geblieben?», fragte ich.

«Du wolltest mir sagen, warum du neulich so sauer warst und einfach weggelaufen bist, nachdem ich dich über den Blütenstand dieser Zierkirsche befragt hatte.»

In diesem Augenblick fiel bei mir der Groschen: Seine Frage hatte sich auf die Blüten dieses dusseligen Baumes bezogen, unter dem ich zufälligerweise gestanden hatte. Ich errötete. Das kommt davon, wenn man sich zu sehr mit sich selbst beschäftigt, Charlotte. Dann kriegt man von seiner Umgebung ungefähr noch so viel mit wie Lance Armstrong auf der Zielgeraden.

«Ach ja», sagte ich, «jetzt weiß ich wieder. Also, das war ein Missverständnis …»

Philipp schwieg.

«… und, äh, also ich hatte gedacht, du machst dich über mich lustig oder so was Ähnliches, und da wollte ich …», verlegen nahm ich noch einen Schluck Bier, «… wollte ich dir nicht nachstehen und auch irgendwas Freches sagen, und deswegen habe ich dann diese Sache mit …»

«Schon gut, Charlotte», sagte Philipp und lächelte mich an. «So genau wollte ich das gar nicht wissen.»

Erleichtert atmete ich aus. Philipp schien schon wieder an etwas anderes zu denken, jedenfalls musterte er aufmerksam einen blonden Typen, der allein am Nebentisch saß und in einer Zeitung blätterte.

«Und was machst du so, wenn du nicht gerade einen Hausmann suchst?», fragte er schließlich.

Ich berichtete von der Arbeit bei der «Annika», ohne freilich zu erwähnen, dass ich eine Serie über Hausmänner schreiben sollte und er mein erstes Rechercheobjekt wäre, falls er bei mir einzöge.

Philipp zeigte sich beeindruckt und stellte mir jede Menge interessierte Fragen über meine Arbeit. Es stellte sich heraus, dass er die «Annika» gut kannte und schon öfter gelesen hatte, obwohl er erst seit ein paar Wochen in Deutschland war. Ich war begeistert: Endlich einmal ein Mann, der nicht nur «ADAC-Mo-torwelt» und «Handelsblatt» las.

Als das «Underground» um ein Uhr schloss, waren wir gerade in eine spannende Unterhaltung über investigativen Journalismus vertieft. Ich redete einfach weiter, während ich mein Fahrrad aufschloss, weil ich davon ausging, dass Philipp mir irgendwann sagen würde, ob er nun bei mir einziehen wolle. Doch nach weiteren zehn Minuten angeregten Gesprächs unter der Straßenlaterne verabschiedete er sich höflich, ohne nochmal auf das Zimmer zu sprechen zu kommen.

Immerhin hat er deine Telefonnummer, Charlotte, tröstete ich mich auf dem Heimweg. Wenn er noch Interesse hat, wird er dich sicher in den nächsten Tagen anrufen.

Fünf Das Telefon blieb das ganze Wochenende über stumm, und am Montag rief mich erst einmal Hammerstein zu sich.

«Was machen die Männer, Frau Lange?», fragte er wohlwollend, nachdem ich mich wieder auf das Stahlgestell gehievt hatte. Dazu lächelte er gönnerhaft, als sei er persönlich dafür verantwortlich, dass ich mir bei den Hausmann-Recherchen im Laufe der kommenden Wochen mindestens zehn Zentimeter Bauchspeck anfuttern würde.

«Ich habe gestern den ersten Interviewpartner aufgetan», sagte ich zuversichtlich, «und was die übrigen angeht – da werde ich mir noch etwas einfallen lassen. Ich dachte, dass sie möglichst aus unterschiedlichen Milieus stammen sollten, damit eine breite Schicht von Leserinnen angesprochen wird.»

Hammerstein nickte. «Sehr gut, sehr gut. Ich sehe, bei Ihnen ist das Thema in kompetenten Händen. Wissen Sie, ich habe schon daran gedacht, die erste Folge zur Titelgeschichte zu machen. Was meinen Sie, wie lange brauchen Sie, um den Text fertig zu stellen? Schaffen Sie das bis zum Redaktionsschluss fürs nächste Heft?»

Benommen blickte ich ihn an. Offensichtlich glaubte er, ich sei mit der Recherche schon fertig! Dabei war noch nicht einmal sicher, ob Philipp wirklich bei mir einziehen würde.

«Das wird knapp, Herr Hammerstein», sagte ich. «Ich muss vermutlich noch ein zweites Gespräch mit dem Mann führen, und es ist nicht gerade leicht, einen Termin mit ihm zu vereinbaren. Sie wissen ja, diese Künstler …» Den Rest des Satzes ließ ich in der Luft hängen, denn ich wusste, dass Hammersteins geschiedene Frau Malerin war.

«Verstehe. Dann warten wir bis zur übernächsten Ausgabe. Ich verlasse mich auf Sie, Frau Lange.»

Ich nickte und erhob mich. Da hatte ich den Salat. Ich musste dringend etwas unternehmen.

Nachdem ich an meinen Schreibtisch zurückgekehrt war, nahm ich einen Stift zur Hand. Ich würde alle mir bekannten Möglichkeiten auflisten, im Beruf und im Haushalt erfolgreiche junge Männer kennen zu lernen, und dann entscheiden, wie ich weiter vorgehen würde. Um meine Konzentrationsfähigkeit zu steigern, durchwühlte ich meine Schreibtischschubladen nach einem Schokoriegel, doch das Einzige, was ich zutage förderte, war ein Radiergummi in Form eines Pfefferminzbonbons. Ich legte es in die gut gefüllte Süßigkeitenschale auf Julius' Schreibtisch, nahm mir dafür ein paar Gummibärchen und kaute darauf herum. Schwierige Sache. Ich notierte:

1. Bei einem Verein für allein erziehende Väter anfragen, ob sie ein Mitglied haben, das zu Hause einem Haufen gut erzogener Kinder und bei der Arbeit einer Schar motivierter Mitarbeiter vorsteht.
2. An der Volkshochschule einen Kochkurs für Männer belegen und schauen, ob dort jemand regelmäßig wegen irgendwelcher Vorstandssitzungen erst zum Verzehr der Speisen erscheint.
3. Mich im Rotary-Club erkundigen, wer von den Herren nicht nur weiß, wie man eine Crème brulée isst, sondern auch, wie sie zubereitet wird.
4. Philipp nochmal anrufen.

Ich stöhnte. Punkt eins bis drei waren erbärmlich – vormittags zwischen zehn und elf Uhr in einem Supermarkt wären meine Chancen vermutlich größer, den passenden Mann zu finden, als auf diese Weise. Mir würde angesichts des Termindrucks nichts anderes übrig bleiben, als Punkt vier ins Auge zu fassen. Zumindest den ersten Teil der Serie musste ich pünktlich abliefern, das war klar.

Ich würde Philipp klar machen, dass ihm nichts Besseres passieren konnte, als bei mir einzuziehen. Das war zwar aufdringlich, aber ich war schließlich professionell genug, um meinen Stolz zu vergessen.

Bevor ich es mir anders überlegen konnte, wählte ich seine Nummer und nahm mir vor, möglichst unauffällig herauszufinden, ob er sich schon entschieden hatte. Nachdem ich ihn gefragt hatte, ob er den Samstagabend gut überstanden habe (durch Angabe von Datum und Uhrzeit des letzten gemeinsamen Treffens sicherstellen, dass er mich nicht mit einer anderen Charlotte verwechselt), ob er ein schönes Wochenende gehabt habe (Schaffen einer angenehmen und entspannten Gesprächssituation) und was er in den nächsten Tagen so vorhabe (eventuelle Anzeichen von Umzugsvorbereitungen ausfindig machen), sagte er:

«Und wie sieht es bei dir aus? Wie viel Kilo hast du seit Samstag zugenommen?»

Schuldbewusst zog ich den Bauch ein. Wie konnte er ahnen, dass ich heute Morgen auf dem Weg zur Arbeit wieder bei «La Petite France» Halt gemacht hatte?

«Wieso?»

«Ich dachte, bei euch kommen immer noch täglich drei Männer zum Probekochen vorbei?»

Ach so. Erleichtert atmete ich aus. Offensichtlich hatte er noch Interesse an dem Zimmer und war sich nur nicht sicher, ob er es haben konnte. Das war der geeignete Zeitpunkt, um ihn direkt zu fragen, wann er einziehen wollte.

«Ohne Kochtest?»

Ich zögerte. «Ohne Kochtest. Wenn du es genau wissen willst, bist du der einzige Bewerber, der weder geisteskrank noch sexbesessen zu sein scheint.»

Außer Raul natürlich, aber das brauchte ich ihm ja nicht auf die Nase zu binden.

Philipp lachte. «Ich habe zwar in meinem Leben schon nettere Komplimente gehört. Aber fürs Erste soll mir das genügen.»

Fünf Minuten später hatten wir alles geregelt, und ich legte auf. Wunderbar! Ich würde Hammerstein nicht enttäuschen müssen und die Titelgeschichte pünktlich liefern. Dazu müsste ich Philipp einfach nur bei der Hausarbeit beobachten und mir dabei unauffällig Notizen machen. Und selber würde ich keinen Finger mehr im Haushalt krumm machen müssen!

Nachdem ich den ersten beruflichen Erfolg des Tages errungen hatte, machte ich mich erst mal auf den Weg in die Teeküche. Dabei ging ich in Gedanken nochmals die Pro-und-Kontra-Liste zu der Frage «Rufe ich Raul zurück oder nicht?» durch, die ich am Wochenende ausgearbeitet hatte.

Gegen einen Anruf sprach Folgendes:

1. Es konnte theoretisch sein, dass es nicht seine Cousine gewesen war, die ihn in jener Nacht angerufen hatte.

Auf der «Pro»-Seite, die auf der Annahme beruhte, dass es doch seine Cousine gewesen war, hatte ich vermerkt:

1. selbstloser Charakter (vermutlich war er mit einer Erektion von der Größe einer ausgewachsenen Salatgurke ins Auto gesprungen und hatte nach der Ankunft noch schnell im Hausflur Hand an sich gelegt, während sie vor ihrer verschlossenen Wohnungstür wartete);
2. zielstrebiges Naturell (hatte am nächsten Tag umgehend angerufen);
3. selbstbewusst («ich bin's»);
4. unaufdringlich (hatte sich seit jenem Anruf nicht nochmals gemeldet).

Während ich eine doppelte Portion Zucker in meinen Kaffee rührte, um meine Konzentrationsfähigkeit zu steigern, beschloss ich, mich bei meiner Entscheidung an streng mathematische Grundsätze zu halten und der «Pro»-Seite den Zuschlag zu geben (4:1).

Beschwingt von meiner zupackenden und entscheidungsfreudigen Art, machte ich mich wieder auf den Weg in unser Büro. Das Telefonat mit Raul würde sicherlich ebenso erfolgreich verlaufen wie das mit Philipp, und mein ganzes Leben würde sich ändern, weil ich bald nicht nur einen Hausmann, sondern auch einen wunderbaren neuen Freund hätte!

Als ich gerade zum Hörer greifen wollte, streckte Julius mit Unschuldsmiene seinen Kopf zur Tür herein.

Ich setzte eine sauertöpfische Miene auf, denn nun war der Zeitpunkt gekommen, ihm ordentlich die Meinung zu sagen. Doch als ich loslegen wollte, musste ich grinsen, denn ich merkte auf einmal, dass ich gar nicht mehr böse auf ihn war. Also kündigte ich lediglich an, dass ich ihm die redaktionelle Betreuung des nächsten Dossiers über weibliche Orgasmusschwierigkeiten im achten Lebensjahrzehnt anvertrauen würde, da ich mit der Recherche für meine Serie vollkommen ausgelastet sei.

«Und, schon einen Mitbewohner ausfindig gemacht?», erkundigte er sich ungerührt, während er auf seinem Schreibtisch Platz für seine Beine schuf, indem er einige Papierstapel auf den Boden räumte.

Ich nickte und nahm mir vor, ihm kein Wort von Raul zu erzählen. Doch das wäre gar nicht nötig gewesen, denn Julius interessierte sich nicht weiter für das Thema, sondern widmete sich den Nachrichten der diversen Christinas, Julias und Nicoles auf seinem Anrufbeantworter.

Ich griff ebenfalls zum Hörer.

Raul hörte sich für zwanzig nach elf (seit seinem Anruf waren genau 48,3 Stunden verstrichen) reichlich verschlafen an.

«Hab ich dich geweckt?», fragte ich erschrocken.

«Nein, nein», sagte er hastig, «hab nur gerade die Zeitung gelesen, da tauche ich immer ganz ab.»

Ich verkniff mir die Frage, welche Zeitung, weil ich nicht neugierig erscheinen wollte, obwohl ich der Meinung bin, dass die Wahl der Tageszeitung mehr über einen Menschen aussagt als sein Sternzeichen. Stattdessen suchte ich nach einem neutralen Gesprächsthema:

«Und, hattest du ein schönes Wochenende?»

Raul zögerte. «War ganz okay, ich war unten am Comer See, bisschen ausspannen.» Dann fügte er leise hinzu: «Aber du hast mir gefehlt.»

Vor Überraschung kratzte ich mir den Mückenstich an meinem linken Arm auf, den ich in den vergangenen Tagen diszipliniert ignoriert hatte.

«Du hast mir auch gefehlt, Raul», sagte ich dann ehrlich, «aber ich war so sauer auf dich, nachdem du am Freitag gegangen bist, dass ich mich nicht eher melden wollte.»

Charlotte! Ich spürte förmlich, wie meine kleinen grauen Zellen sich mit den Fäusten gegen die Stirnen trommelten ob so viel Blödheit, und hätte mir am liebsten die Zunge abgebissen. Das war ein glatter und direkter Verstoß gegen Annas und meine Regel Nummer eins im Umgang mit attraktiven Männern:

Gib ihnen das Gefühl, sie seien ungefähr so präsent in deinem Hirn wie der aktuelle Tabellenplatz der C-Jugend in Havixbeck-Hohenholte – so lange, bis der Auserwählte dir einen Antrag macht. Dabei hatten wir ursprünglich an einen Heiratsantrag gedacht, denn die Liste war entstanden, nachdem wir gerade sechzehn geworden waren und Annas erste große Liebe nach zwei Wochen statt mit Anna, die dem Knaben zwar ewige Liebe geschworen, seine körperlichen Annäherungsversuche aber erfolgreich auf die Gegend oberhalb ihrer Gürtellinie eingegrenzt hatte, mit einer anderen ins Bett gegangen war. Im Alter von siebzehn waren wir, um einige Illusionen ärmer, zur Überzeugung gelangt, dass als «Antrag» auch zu verstehen sei, wenn der Angebetete mit einer Zigarette zwischen den Lippen nuscheln würde: «Willste mit mir gehen?» Jedenfalls hatte Raul bislang nichts dergleichen geäußert, und daher waren meine Worte völlig deplatziert. Vorsorglich rief ich mir Regel Nummer zwei bis fünf in Erinnerung, um nicht noch mehr Fauxpas zu begehen:

2. Triff dich mit ihm so lange nur an öffentlichen Orten, bis du dir absolut sicher bist, dass er a) weder Mundgeruch noch b) Schweißfüße hat und du c) absolut scharf auf ihn bist. (War auch schon schief gelaufen, aber zumindest wusste ich nun, dass die Untergruppen a–c positiv waren, sodass Punkt drei absolut zu beherzigen sein würde:)

3. Sag ihm keinesfalls schon nach dem ersten Sex, dass du mit ihm drei Kinder haben und in ein Einfamilienhaus ziehen willst, sonst fühlt er sich eingeengt und brennt bei der nächstbesten Gelegenheit mit einer Stripteasetänzerin durch.

4. Gib bei jeder zweiten Verabredung, zu der er dich überreden will, vor, du seist für den Rest der Woche total ausgebucht. Er wird dann jedes Mal, wenn du Zeit für ihn hast, vor Freude so verblendet sein, dass du ihn zur Not sogar ohne vorherigen Einsatz von Abdeckstift/Push-ups/Lipgloss treffen könntest – was du natürlich dennoch niemals tun darfst.

5. Erwähne ab und zu, dass du auch noch andere Männer kennst – das wird dich in seinen Augen auf eine Stufe mit Madonna/Cindy Crawford/Britney Spears setzen.

Raul hatte unterdessen einfach weitergeredet: «Kann ich gut verstehen, Charlotte, ich hab mich auch geärgert. Aber ich konnte in dem Moment einfach nicht nein sagen.» Er seufzte. «Wirst du mir Gelegenheit geben, das wieder gutzumachen?»
Ich entspannte mich ein wenig. War also noch nicht alles verloren, trotz meines vollkommen deplatzierten Bekenntnisses. Ich nahm mir vor, von nun an ganz locker zu sein, und sagte:
«Na klar. Lass mich mal einen Blick in meinen Terminkalender werfen.» Dazu raschelte ich ein wenig mit einer alten Ausgabe

der «Annika». «Hm. Diese Woche ist schon ziemlich voll, bis auf (ich raschelte noch ein bisschen), bis auf morgen. Ja, das ginge noch (raschel). Wie wär's, wenn wir morgen Abend ins Kino gingen?» Das war zwar eine etwas gewagte Taktik, aber ich würde nicht noch einmal so dumm sein, ihn einen Termin wählen zu lassen. Sonst kam er womöglich auf die Idee, wieder eine halbe Woche verstreichen zu lassen, bevor er Zeit hätte. Gespannt hielt ich die Luft an.

«Morgen Abend?» Raul zögerte.

Lieber Gott, bitte mach, dass er ja sagt!

«Ist etwas kurzfristig, ich weiß, aber sonst geht es erst wieder nächste Woche.»

«Na gut, dann morgen Abend. Halb acht vor dem Cinedome?»

«Geht klar. Bis dann, Raul.»

Mit einem breiten Grinsen im Gesicht legte ich auf. Ich musste nur die Initiative ergreifen, dann konnte ich sie alle haben! Da hätte ich schon viel früher drauf kommen sollen, dann wäre mir so manche einsame Nacht erspart geblieben.

Von nun an wollte ich stets aktiv, selbstbewusst und zielstrebig sein. Als Beweis für meine neue Lebensführung gab ich schnell eine Annonce auf, in der ich nach «im Job und im Haushalt erfolgreichen jungen Männern» suchte, diesmal allerdings auf Kosten der «Annika» und rein dienstlich. Dann rief ich Sascha an, und eine halbe Stunde später saßen wir uns bei Costas gegenüber.

«Stell dir vor, Stephano will nächstes Wochenende mit mir nach Sylt fahren, in das Ferienhaus seiner Eltern», berichtete sie mit vor Freude geröteten Wangen, nachdem wir uns auf unseren Stammplätzen niedergelassen hatten.

«Na, der lässt ja nichts anbrennen. Hat er dir auch schon gesagt, dass du wunderbare Augen hast und er sich unsterblich in dich verliebt hat?», fragte ich aufs Geratewohl.

Sascha schaute mich betreten an, und sofort taten mir meine Worte Leid. Dass Männer aber auch immer so einfallslos sein mussten. Das phantasievollste Kompliment, das ich in meinem Leben gehört hatte, war gewesen: «Meine kleine Sumpfdotterblume.» Ich hatte daraufhin in einem Lexikon nachgeschlagen und versucht, das Wort im positiven Sinne zu interpretieren, was mir aber angesichts der Definition («Hahnenfußgewächs mit bis zu fünfzig Zentimeter hohen Stängeln und glänzend grünen Blättern») äußerst schwer gefallen war. Die Affäre war wenig später sozusagen versumpft.

«Na ja, du hast ja wirklich schöne Augen, und vielleicht ist er ja tatsächlich in dich verliebt, wundern würde es mich nicht», versuchte ich zu retten, was zu retten war.

Zweifelnd blickte Sascha mich an. «Meinst du wirklich?»

«Na klar», gab ich Gas, «sonst würde er dich doch nicht ausgerechnet in das Haus seiner Eltern einladen. Das macht er bestimmt nicht mit jeder.»

Sofort bekam Sascha wieder diesen weidwunden Blick, und ich nahm mir vor, zu dem Thema gar nichts mehr zu sagen. Stattdessen berichtete ich in den überschwänglichsten Tönen von Raul.

«Na, ich weiß nicht. Auf mich wirkt es so, als habe der Typ zehn Frauen an jedem Finger», sagte Sascha skeptisch, als ich fertig war. «Und hat er dir gar nicht gesagt, dass er in dich verliebt ist, bevor er dich geküsst hat?»

Ich musste lachen. Eins zu eins. «Noch nicht. Aber das holt er bestimmt morgen Abend nach.»

Als am Dienstagmorgen der Wecker klingelte, brauchte ich genau dreißig Sekunden, um mir über den Ernst der Lage klar zu werden: Es war neun Uhr, und um spätestens halb elf würde ich in der Redaktion sein müssen, wenn ich nicht unangenehm auffallen wollte. Machte eineinhalb Stunden. In dieser Zeit würde ich mein komplettes Körperpflegeprogramm (mit Peeling, Gesichtsmaske, Haarkur und Oberschenkelmassage) durchziehen und die Kleidungsfrage lösen müssen. Was natürlich unmöglich war. Also blieb die Frage, auf welchen Punkt ich verzichten konnte, ohne dass es Raul auffiele. Während ich mir die Zähne putzte und dabei einen routinemäßigen Blick in den Vergrößerungsspiegel warf, überlegte ich: Das Peeling musste unbedingt sein, denn davon zogen sich die Poren zusammen. Gesichtsmaske ebenfalls, hatte den gleichen Effekt. Eine Haarkur hatte ich seit Wochen nicht gemacht, sodass meine Haare sich anfühlten wie die Baststrohhalme, mit denen in der «Roten Bar» seit einiger Zeit die Caipirinhas serviert wurden – war also unbedingt fällig. Blieb die Oberschenkelmassage mit dem Luffahandschuh. Kritisch musterte ich die feinen weißen Linien unterhalb meiner Hüften, die ich vor einigen Wochen entdeckt und die Anna ohne zu zögern als «Schwangerschaftsstreifen» definiert hatte. «Das kommt davon, wenn man zu starke Gewichtsschwankungen hat. Da wird das Bindegewebe überbeansprucht, und dann bleiben diese *Furchen* zurück», hatte sie mir erklärt und dabei geguckt, als müsse ich mich sofort auf den Weg zu einer Beinamputation machen. Ich hatte mir daraufhin geschworen, nie wieder auch nur ein einziges Croissant zu essen – ein Vorsatz, der sich leider noch am selben Tag als unrealistisch erwiesen hatte. Also hatte ich mir vorgenommen, die Furchen ersatzweise jeden Morgen fünfzehn Minuten (auf jeder Seite!) mit dem Handschuh zu attackieren, um wenigstens die Durchblutung anzuregen.

Nun gut, heute war dafür keine Zeit mehr. Ich beschloss, dafür den ganzen Tag keine Süßigkeiten zu essen, und öffnete meinen Kleiderschrank. Da wir uns direkt nach der Arbeit treffen wollten, musste ich meine Garderobe mit besonderer Sorgfalt auswählen. Ich musste seriös wirken (erfolgreiche Redakteurin), aber nicht spießig (war mir nicht sicher, ob ein Schlagzeuger meinen beruflichen Status zu würdigen wusste), sexy (wollte schließlich nicht, dass er nach dem Film nach Hause ging), aber nicht zu sexy (wollte schließlich auch nicht, dass der eine oder andere Kollege auf die Idee kam, mich nach der Arbeit nach Hause zu begleiten).

Vielleicht ein Kostüm? Kritisch ließ ich meinen Blick über die Auswahl an Blazern und Röcken schweifen, die ich mir im Laufe meines Berufslebens zugelegt hatte. Schwarz, grau, beige, blau. Zu steif. Die Kollegen würden ja denken, ich wartete auf eine Beförderung.

Jeans mit Blazer? Das trug ich meistens bei der Arbeit, doch für ein Treffen mit Raul erschien es mir zu gewöhnlich.

Ein Kleid? Außer dem Gardinenkleid hatte ich noch zwei andere, aber sie waren längst nicht so aufregend, daher verwarf ich auch diesen Gedanken wieder.

Blieb der schwarze Minirock. Nach einem Blick auf die Uhr (es war zehn nach zehn) quetschte ich mich hinein und stellte mich vor den Spiegel. Er war gerade so lang, dass er die Schwangerschaftsstreifen verdeckte, schien allerdings in der letzten Wäsche eingelaufen zu sein, denn der Reißverschluss ließ sich an der Seite nur noch bis zur Hälfte schließen. Ich nahm mir vor, endlich einmal die Bedienungsanleitung für die Waschmaschine zu studieren, weil mir das in letzter Zeit erstaunlich oft passiert war, und klaubte einige Sicherheitsnadeln aus der Dose, die ich für solche Zwecke in meinem Schrank deponiert hatte. Damit heftete ich die auseinander klaffenden Stoffbahnen aneinander. Dann zog ich einen Wonderbra an und darüber einen hüftlangen ärmellosen Rolli in leuchtendem Rot, der das Flickwerk verdeckte, trug noch ein wenig passenden Lippenstift auf und war um Viertel vor elf in der Redaktion.

Julius pfiff anerkennend durch die Zähne, als ich mich auf meinen Schreibtischstuhl gleiten ließ.

«Na, Süße, heute Abend schon was vor?»

Ich grinste: «Und ob. Aber in der Mittagspause wäre ich noch frei.» Konnte ja nicht schaden, wenn ihm auffiele, dass ich nicht nur eine erfolgreiche Titelautorin in spe, sondern auch eine attraktive und begehrenswerte Frau war.

Nachdem ich den halben Tag damit verbracht hatte, auf dem Flur zwischen Teeküche und unserem Büro hin- und herzuspazieren und die Blicke meiner männlichen Kollegen begierig, aber unauffällig zur Kenntnis zu nehmen, war ich um halb sechs um zwei Einladungen zum Mittagessen reicher (die von Julius nicht mitgerechnet) und kurz davor zu glauben, meine Konjunktivbeine seien das neue Schönheitsideal des 21. Jahrhunderts.

Der Abend würde ein voller Erfolg werden, da war ich mir sicher!

Als ich mich um halb acht der Kinokasse näherte, sah ich Raul schon von weitem. Er stand lässig an einen Pfeiler gelehnt, rauchte eine Zigarette und schien seine Umgebung gar nicht wahrzunehmen. Eifersüchtig musterte ich die in seiner Nähe stehenden Frauen. Sie schienen alle nur darauf zu warten, dass er sie ansprach. Schnell ging ich auf ihn zu und lächelte ihn an.

«Charlotte! Wie schön!»

Er küsste mich links und rechts auf die Wangen, und ich atmete aufgeregt den Zigarettenrauch ein, den er dabei ausatmete und der sich mit seinem After-Shave vermischte.

Er war wirklich umwerfend. Auf dem Weg zum Kino hatte ich einen kurzen Moment lang Angst gehabt, ich hätte ihn in Gedanken auf ein Podest gehoben und er sei in Wirklichkeit weniger attraktiv, als ich ihn in Erinnerung hatte. Aber schon beim ersten Blickkontakt hatten sich meine Zweifel zerstreut.

Raul ließ seine Blicke über meinen Körper gleiten und sagte dann: «Ich hab schon mal Karten besorgt. Du magst doch Actionfilme, oder?»

Ich schluckte meine Enttäuschung hinunter und nickte heftig. «Klar. Action ist immer gut.»

Insgeheim hatte ich darauf spekuliert, dass wir uns die neueste Jane-Austen-Verfilmung ansehen würden. Aber es war ja logisch, dass einen Mann so was nicht interessierte, jedenfalls, wenn er kein totaler Softie war. Also schmiegte ich mich neben Raul in meinen Sitz und sagte mir, dass es sicherlich meinen

Horizont weiten würde, wenn ich mich einem anderen Genre vorurteilsfrei näherte.

Vier Verfolgungsjagden, elf Leichen und fünfzehn Schlägereien später war meine Toleranzgrenze überschritten, und ich rutschte unruhig auf meinem Sitz hin und her.

«Eigentlich Zeitverschwendung hier, was meinst du?», flüsterte Raul in mein Ohr.

Ich nickte dankbar und deutete mit dem Kopf in Richtung Ausgang. Ohne zu zögern erhob er sich und zog mich an der Hand hinter sich her.

Erst vor seinem Auto, einem schicken roten Sportwagen, ließ er sie los und fragte: «Und, meine Schöne, was machen wir jetzt mit dem angebrochenen Abend?»

Ich hatte mich die ganze Zeit bemüht, keine Schweißhände zu bekommen, indem ich an so unappetitliche Dinge wie Blut im Stuhl und maligne Melanome gedacht hatte. Daher war ich im ersten Moment versucht, einen Arztbesuch vorzuschlagen. Doch besann ich mich eines Besseren und schlug vor, etwas essen zu gehen. Doch Raul sagte:

«Ich habe eine bessere Idee. Wieso machen wir es uns nicht bei mir gemütlich und bestellen eine Pizza?»

Zu ihm nach Hause? Gemütlich machen?

Charlotte, sorg dafür, dass er sein Handy ausschaltet, raunten meine kleinen grauen Zellen.

Charlotte, so leicht kriegt er dich diesmal nicht rum, hörte ich meine Mutter sagen, während sie einen leuchtenden Euro in das Opferkästchen für die Kerzen steckte.

Charlotte, du willst mühsam erobert werden, rief meine Oma und schob einen Fünfeuroschein hinterher.

Süße, lass es dir gut gehn, sagte Anna.

Und vergessen Sie nicht, sich für alle Fälle Notizen zu machen, fügte Hammerstein hinzu.

«Gute Idee», sagte ich und nahm mir vor, auf keinen Fall eine Pizza mit Knoblauch oder Zwiebeln zu bestellen.

Raul fuhr ins Westend und hielt vor einem efeubewachsenen Gründerzeithaus, das von hohen Bäumen umringt war. Die Fassade lag bis auf einige hell erleuchtete Fenster im dritten Stock im Dunkeln, doch sah ich genug, um zu ahnen, dass es ein Haus von der Sorte war, wie man sie in Frankfurt nur unter der Hand bekommt: kernsaniert, Parkett, Stuck, Flügeltüren, Südbalkon. Ich überraschte mich bei dem Gedanken, dass ich Raul eher ein modernes Penthouse zugetraut hätte, und fügte der Liste seiner guten Eigenschaften den Punkt «stilvoll» hinzu. Gespannt wartete ich darauf, dass er den Wagen abstellen und mich hineinführen würde. Doch statt den Motor auszumachen, beugte Raul sich zu mir herüber und flüsterte: «Oder wollen wir zur Feier des Tages ein Zimmer im ‹Frankfurter Hof› nehmen?»

Überrascht starrte ich ihn an. Hatte gar nicht gewusst, dass man als Schlagzeuger so viel Geld verdiente, und fand die Idee leicht übertrieben, da es sich schließlich nicht um unsere Hochzeitsnacht oder etwas in der Art handelte. Aber Raul wartete meine Antwort gar nicht erst ab und fuhr schon wieder weiter.

Besorgt überlegte ich, ob man sich im Frankfurter Hof wohl eine Pizza aufs Zimmer kommen lassen konnte, aber ich traute mich nicht, das Thema zur Sprache zu bringen. Stattdessen fragte ich: «Wie ist dein Freund denn an eine Wohnung in so einem Haus gekommen?»

«Ach, durch Zufall. Über eine Bekánnte.»

«Ist ja eigentlich schade, dass du da nur übergangsweise wohnst. Sieht sehr nett aus.»

«Hm. Ja, finde ich auch. Aber auf Dauer möchte ich doch lieber was Eigenes, weißt du. Da ist man irgendwie unabhängiger.»

Der geborene Hausmann scheint er nicht gerade zu sein, überlegte ich, beschloss aber, das Thema nicht weiter zu vertiefen. Stattdessen lehnte ich mich zurück und ließ meinen Blick über die zum Teil hell erleuchteten Fenster in den Hochhäusern der Banken schweifen. Zum hundertsten Mal fragte ich mich, ob es tatsächlich Menschen gab, die um elf Uhr abends noch vor ihren

Computern saßen, oder ob sie einfach die ganze Nacht das Licht brennen ließen, damit ihre Chefs auf dem Nachhauseweg vom Theater oder Abendessen dachten, sie seien noch bei der Arbeit.

Raul schien auch in Gedanken, zumindest konzentrierte er sich nicht besonders auf den Straßenverkehr. An der Hauptwache überfuhr er eine rote Ampel, und am Willy-Brandt-Platz schnitt er beim Abbiegen einen Fahrradfahrer, der uns daraufhin erbost aufs niedere Dach schlug und schrie: «Scheißbonze, fick dich ins Knie!» Und dann passierte etwas, womit ich überhaupt nicht gerechnet hatte: Raul machte eine Vollbremsung, riss die Fahrertür auf und stellte sich dem verdutzten Radfahrer in den Weg.

«Was hast du gesagt, du Prolet?»

Der Radfahrer, ein Mann in unserem Alter, wiederholte seinen Ausruf und sah Raul dabei unerschrocken ins Gesicht. Dann blickte er zu mir herüber und fügte mit einem Lächeln hinzu: «Das gilt natürlich nicht für deine hübsche Begleitung.»

Ich lächelte ihn an, denn mir war Rauls Auftritt mehr als peinlich. Schließlich hatte er dem Typen die Vorfahrt genommen und ihn um ein Haar in einen Unfall verwickelt. Da war es meiner Meinung nach höchst unangebracht, sich so aufzuführen. Aber Raul kam nun erst richtig in Fahrt.

«Soll ich dir mal was sagen, du mieser kleiner Wichser? Wenn du dich jetzt nicht sofort entschuldigst, kannst du froh sein, wenn auch nur eine Speiche von deinem Scheißfahrrad unverbogen bleibt.»

Der Radfahrer musterte Raul von oben bis unten, warf mir dann einen Blick zu, der zwischen Neugier und Mitleid zu schwanken schien, und sagte: «Wenn es dir hilft, Alter: Entschuldigung. Und jetzt steig schön wieder ein zu deiner süßen Freundin und mach weiter mit deinem Imponiergehabe.»

Damit schwang er sich auf sein Fahrrad und radelte davon. Wutschnaubend ließ Raul sich zurück auf den Fahrersitz fallen und murmelte: «Auch noch frech werden, wenn er schon nicht aufpassen kann. Da ist er bei mir aber an der falschen Adresse.»

«Aber Raul, *du* warst es doch, der ihn nicht gesehen hat», wandte ich ein.

«Lass gut sein, Süße. Darüber solltest du dir gar nicht dein Köpfchen zerbrechen. Überleg dir lieber, womit ich dich gleich verwöhnen darf.» Er legte eine Hand auf meinen Oberschenkel und schaute mich an, als wolle er gleich Champagner aus meinem Bauchnabel trinken. Ich erwischte mich bei dem Gedanken, dass ich dieser Vorstellung, die mich noch vor zehn Minuten auf Tropentemperatur erhitzt hätte, rein gar nichts mehr abgewinnen konnte. Stattdessen solidarisierte ich mich mit dem Radfahrer, der nun sicher dachte, ich sei eine dumme Kuh und lediglich scharf darauf, auf dem Beifahrersitz eines roten Angeberautos gesehen zu werden, egal, was für ein Idiot am Steuer saß.

Charlotte, willst du dir wirklich mit dem Mann ein Hotelzimmer und das dazugehörige Bett teilen? Die kleinen grauen Zellen in meinem Kopf marschierten geschlossen in Richtung Beifahrertür. Ich zögerte. Wenn ich jetzt aussteigen würde, wäre die Sache zu Ende, bevor sie richtig angefangen hätte. Andererseits: Ich wäre den ganzen Abend über schlecht gelaunt, wenn ich nun nicht ginge.

Während ich noch überlegte, fuhr Raul schon die Auffahrt zum Hotel hinauf. Kaum hatte er den Motor abgestellt, kam ein Portier herbeigestürzt und riss die Beifahrertür auf.

Jetzt oder nie, Charlotte.

Ich sah ihn an, atmete tief durch und sagte: «Nimm's mir nicht übel, Raul, aber ich fand das gerade nicht besonders witzig. Ich möchte jetzt lieber nach Hause.»

Raul blickte mich an, als hätte ich ihm soeben eröffnet, dass ich eine Allergie gegen Kondome hätte und wir den Zimmerdienst bitten müssten, Diaphragma und Spermizid zu beschaffen.

Schnell guckte ich durch die Windschutzscheibe nach vorne auf den Portier, der gerade um das Auto herumging, um auch Rauls Tür zu öffnen, und redete einfach weiter: «Tschüs dann, und schönen Abend noch.» Damit schwang ich meine Beine aus dem Auto und lief Richtung U-Bahn.

Sechs Als ich nach Hause kam, lag Anna rücklings auf dem Sofa und blickte mit rollenden Augen an die Zimmerdecke.

Ich beugte mich über sie und sagte: «Guten Abend!»

Augenrollen.

Ich setzte mich neben sie auf den Boden und versuchte, den tieferen Sinn dieser Übung zu erfassen, indem ich meinen Blick zwischen Anna und der Zimmerdecke schweifen ließ.

Hatten wir etwa einen Wasserschaden? Wartete sie darauf, dass ihre Stirn benetzt würde, um dann die Miete mindern zu können? Oder war sie die erste Deutsche, bei der die Creutzfeldt-Jakob-Krankheit ausgebrochen war?

«Anna?»

Seufzend setzte sie sich auf und sah mich an.

«Kinesiologie», sagte sie in einem Tonfall, der mich zurück auf meinen Stuhl in der ersten Klasse beamte und mich aufgeregt an meinen imaginären Zöpfen ziehen ließ.

Ich bemühte mich um eine gerade Sitzhaltung und fragte: «Kommt das aus China?»

Anna legte den Kopf schief und sah auf mich herunter: «Weiß ich auch nicht. Aber wenn ich jeden Tag zweihundertmal eine liegende Acht mit meinen Augen ausführe, brauche ich in einigen Wochen keine Kontaktlinsen mehr.»

«So ein Quatsch.»

«Doch, ist wahr. Hab ich gelesen, in so einem Prospekt von denen. Ist ganz einfach: Die Muskeln im Auge, die für den richtigen Abstand zwischen Pupille und Netzhaut sorgen, sind bei mir verkrampft und daher verkürzt, und durch Entspannung kann ich sie lockern. Und dann sehe ich wieder scharf. Kontaktlinsen sind nämlich nur Prothesen.» Sie drückte mir ein gelbes Faltblatt in die Hand.

Ich legte es beiseite, um ihr klar zu machen, dass es im Moment Wichtigeres gab, und sah sie ernst an.

«Raul ist ein Idiot.» Ich sprach die Worte aus, als seien sie dazu bestimmt, seinen Grabstein zu zieren.

Anna sah mich leidenschaftslos an. «Ich hab dir ja gesagt, dass du die Finger von dem lassen sollst. Spätestens seit der Nummer mit der ‹Cousine› …» Sie schüttelte den Kopf, um dann mit vor Neugierde flackernden Augen zu fragen: «Hat sich diesmal seine Oma ausgeschlossen?»

Ich erzählte ihr die Episode mit dem Radfahrer, und wie erwartet war sie ganz meiner Meinung.

«Ist ja unmöglich, wie kann man sich nur so aufführen?»

Solidarisch ließ sie sich auf den Fußboden sinken und beugte sich vor. «Ich sag dir jetzt mal was, Charlotte. Du solltest ihn am besten gar nicht mehr treffen, wenn es sich aber absolut nicht vermeiden lässt, nur noch mit verbundenen Augen. Dann bist du objektiver.»

«Was heißt, wenn es sich nicht vermeiden lässt?», fragte ich vorsichtig.

Anna zuckte die Schultern. «Kann ja sein, dass du deine Meinung über den Vorfall nochmal änderst», sagte sie vage. «Vielleicht erklärt er dir ja, dass er Choleriker ist oder so scharf auf dich war, dass er keinen klaren Gedanken mehr fassen konnte. Oder dass seine Halbschwester bei einem Unfall mit einem Radfahrer ums Leben gekommen ist und er daher nicht mehr Herr seiner Sinne ist, wenn es um Radfahrer geht. Oder …»

Ich hob abwehrend die Hand. «Schon gut, Anna. Du meinst, wenn ich nur oft genug am Telefon vorbeigeschlichen bin, ohne dass mich jemand anruft, werde ich mir die Sache nochmal überlegen. Aber da kann er lange warten.»

Anna sah mich zweifelnd an. «Wenn du meinst. Meine E-Mail-Adresse kennst du ja. Biete selbstlose Hilfe und gute Ratschläge in allen Lebenslagen.»

Zwei Tage später war es so weit: Anna saß mit fertig gepacktem Rucksack in der Küche und wartete auf das Taxi, das sie zum Flughafen bringen sollte. Ihr Flug nach Delhi ging um kurz nach Mitternacht, und bei dem Gedanken daran war uns beiden ziemlich mulmig: ihr, weil es ihre bislang längste Reise werden würde und sie keine Ahnung hatte, was sie erwartete, und mir, weil ich nicht wusste, wie ich die Zeit ohne sie überstehen sollte. Wir hatten so lange zusammengelebt, dass ich mir schlicht nicht vorstellen konnte, die Wohnung mit jemand anderem zu teilen — erst recht nicht mit einem *Mann*. Wie würde er meine Angewohnheit aufnehmen, stets das Kleingedruckte auf sämtlichen Joghurtbechern, Marmeladengläsern und anderen Lebensmittelverpackungen zu lesen, um herauszufinden, ob Gelatine darin enthalten war, und dann angewidert zu erklären, dass ich nicht bereit sei, zerriebene Schweineaugen, Borsten, Hufe und Gedärme zu essen? Meinen Tick, nur in gebügelter Bettwäsche schlafen zu wollen? Was würde ich tun, wenn ich feststellte, dass er seine Zahnseide nach Gebrauch beiseite legen und am nächsten Abend nochmals benutzen würde? Wenn ich seine abgeschnittenen Fußnägel in der Seifenschale finden würde?

Anna versuchte, mich zu beruhigen: «Mach dir mal nicht so viele Sorgen. Immerhin musst du nicht damit rechnen, dass im Schlaf Horden von Blutegeln über dich herfallen oder du aus Versehen eingelegte Hoden zu essen bekommst.»

Doch damit machte sie alles nur noch schlimmer. Als das Taxi kam, war ich zu der festen Überzeugung gelangt, dass Anna sich auf ihrer Reise entweder Lepra, Hepatitis oder Gelbsucht einfangen und ich unterdessen im häuslichen Nahkampf so viel Energie lassen würde, dass sie mich aufgrund eines vorzeitigen Alterungsprozesses bei ihrer Rückkehr nicht wieder erkennen würde. Von meinem Eroberungswillen, meinem Selbstbewusstsein und dem positiven Lebensgefühl, das ich noch kurz vor dem Treffen mit Raul verspürt hatte, war nichts mehr übrig geblieben.

Als ich am nächsten Tag in der Redaktion eintraf, hatte ich eigentlich vor, meine Wunden zu lecken und mir einen ruhigen Tag zu machen. Doch kaum hatte ich unser Büro betreten, musste ich feststellen, dass die ersten Antworten auf die Annonce eingetroffen waren und die lieben Kolleginnen schon Schlange standen, um mir bei deren Durchsicht zur Hand zu gehen. Das führte dazu, dass sich unser Zimmer innerhalb kürzester Zeit in eine Art Teeküche verwandelte, wo jeder mal vorbeischaute und sich über die neuesten Eingänge informierte. Arbeiten konnte man unter solchen Umständen natürlich nur noch sehr eingeschränkt. Schließlich nahm ich am Freitagabend die viel versprechendsten Briefe mit nach Hause, um die Dinge übers Wochenende zu entscheiden.

Gegen halb sieben öffnete ich schließlich die Wohnungstür und sah mich vorsichtig um. Philipp hatte im Laufe des Tages einziehen wollen und angekündigt, mit Hilfe einiger Freunde seine paar Habseligkeiten herbeizuschaffen. Das war ihm offensichtlich gelungen, denn, wie ich durch die offene Tür sah, dunkelblau kariertes Bettzeug lag auf Annas Bett, und auf ihrem Schreibtisch lagen jede Menge Bücher und Zeitschriften. Aus der Küche duftete es wie an Festtagen bei meinen Eltern, und als ich meinen Kopf durch die Tür streckte, stand Philipp in einer roten Schürze mit der Aufschrift: «Meiner ist der Längste» am Herd und schnippelte Bohnen. Er grinste mich an und sagte: «Das nur, um nochmal auf unsere Unterhaltung unter der Zierkirsche zurückzukommen. Wenn es keine weiteren Fragen mehr gibt, können wir in einer halben Stunde essen.»

Irritiert nickte ich und schloss dann schnell die Tür. Mit so viel Frohsinn hatte ich nicht gerechnet, ich trug schließlich Trauer. Unentschlossen legte ich die Briefe auf die Ablage im Flur und schlüpfte dann in mein Zimmer. Was Anna jetzt wohl machte?

Und dann schlich sich, ohne dass ich es wollte, der Gedanke an Raul wieder in meinen Kopf. Ich betrachtete das Bücherregal, vor dem er gestanden hatte, bevor er mich geküsst hatte, den Stuhl, auf dem sein Handy gelegen hatte, und die Stelle auf dem Teppich, an der wir eng umschlungen gestanden hatten, bevor es geklingelt hatte. Mir stieg sein Geruch wieder in die Nase, sein Geschmack, und ich rollte mich unglücklich auf meinem Bett zusammen. Wenn ich einen Unfall hätte und verletzt in meinem Zimmer läge, würde es vermutlich Tage dauern, bis mich jemand vermissen würde. Nun ja, bis auf Philipp, aber das war ja sozusagen sein Job. Genauso wie es sein Job war, für uns zu kochen.

Ich nahm mir vor, das Essen als Dienstleistung anzusehen, die mir zustand, und schlüpfte in eine alte Jeans. Vielleicht würde Philipp mich ja auf andere Gedanken bringen, und wenn ich genug Wein tränke, könnte ich danach sogar einschlafen.

Als ich kurze Zeit später den Tisch deckte, stellte ich fest, dass tatsächlich ein Schweinebraten im Ofen garte. Philipp hatte die Schürze abgenommen, eine CD von Chet Baker eingelegt und war dabei, eine Flasche Rotwein zu öffnen. Dabei bewegte er sich so sicher, als sei es das Normalste von der Welt, dass er hier in Annas und meiner Küche stand und ein Essen kochte, das mich sicher an einen Sonntagmittag bei meinen Schwiegereltern erinnert hätte, wenn ich nur endlich den passenden Mann dazu finden würde. Obwohl ich nicht vorgehabt hatte, es zur Kenntnis zu nehmen, musste ich zugeben, dass ich Appetit bekam.

«Ist das ein Rezept von Greser und Lenz?», fragte ich.

Philipp lachte. «Nö, aber ich dachte, auf kulinarische Art an meine schriftliche Bewerbung anzuknüpfen, sei keine schlechte Idee. Das Rezept ist von meiner deutschen Großmutter.» Er beförderte zwei riesige Stücke Braten, Bohnen und Kartoffeln auf unsere Teller, füllte unsere Gläser und setzte sich dann zu mir.

«Auf unsere WG!»

Erwartungsvoll blickte er mich an. Schuldbewusst hob ich mein Glas. Wie hatte ich das vergessen können! Es war schließlich sein erster Abend als Hausmann, und ich hatte vor lauter Verfressenheit nur daran gedacht, mir möglichst schnell ein Stück von dem Schweinebraten in den Mund zu schieben.

«Herzlich willkommen!» Ich nahm einen großen Schluck Wein, wobei sich mir der Verdacht aufdrängte, dass ich es mit einem nicht gerade billigen Fläschchen zu tun hatte. Aber das konnte auch täuschen, beruhigte ich mich, denn aus der Lektüre einschlägiger Weinbücher auf irgendwelchen Partys, auf denen ich es vorgezogen hatte, mich mit einem dicken Schmöker in einen Sessel zurückzuziehen, um nicht darüber nachzudenken, warum wirklich jede Frau außer mir einen männlichen Gesprächspartner vorweisen konnte, wusste ich eigentlich nur, dass ein guter Wein nicht unbedingt teuer sein muss, aber selbst dann noch teuer sein kann, wenn er wie «nasser Hund» schmeckt. Ich hatte es allerdings bisher gänzlich versäumt, dieses theoretische Wissen praktisch zu untermauern, sodass ich mich stets in Schweigen hüllte, wenn es beim Essen darum ging, das Bouquet eines Weines zu beurteilen.

Philipp schien auch nichts in dieser Richtung von mir zu erwarten, denn er setzte sein Glas ab, ohne irgendeine Bemerkung zu machen. Dankbar schob ich mir den ersten Bissen in den Mund – wie erwartet, schmeckte es köstlich – und überlegte dabei, dass dies sicherlich der geeignete Moment sei, um ihn ein wenig über seine Qualitäten als Hausmann auszufragen. Kurze Zeit später waren wir in eine fesselnde Unterhaltung über die Bekämpfung von Mehlmotten, Urinstein und Silberfischen verstrickt, und als ich das Gefühl hatte, kein Böhnchen mehr essen zu können, ohne mit einem lauten Knall zu zerplatzen, wusste ich, dass Philipp sich und seine jüngere Schwester im Alter von sechzehn Jahren während der Scheidung seiner Eltern monatelang versorgt hatte, weil seine Mutter mit einem Nervenzusammenbruch in eine Klinik eingeliefert worden und sein Vater ständig auf Geschäftsreise gewesen war. Zufrieden lehnte ich mich zurück. Wenn das kein guter Anfang war. Ich würde einen biographischen Absatz in den Text einbauen, um die ganze Sache persönlicher zu machen.

«Na, satt geworden?», fragte Philipp.

«Das war wunderbar. Verwöhnst du uns jetzt jeden Abend so?»

«Mal sehen», sagte er gedehnt, «kommt darauf an, wie viel Zeit mir zwischen Bügeln, Putzen, Waschen und der Arbeit in der Galerie so bleibt.»

Dann blickte er auf die Uhr. «Macht es dir was aus, wenn ich dich jetzt allein lasse? Ich muss nochmal weg.»

Verdutzt schüttelte ich den Kopf. Es war halb elf, und ich erwischte mich bei dem Gedanken, dass ich gerne noch länger mit ihm zusammengesessen hätte, um ganz unabhängig von meiner Recherche ein wenig mehr über ihn zu erfahren. Aber Philipp war schon aufgestanden und dabei, in seine Jacke zu schlüpfen. Seufzend erhob ich mich und räumte das schmutzige Geschirr in die Spülmaschine. Das fing ja gut an. Kaum war Anna fort, ödete ich an einem Freitagabend zu Hause vor mich hin. Ich musste dringend Abhilfe schaffen.

Den Samstag verbrachte ich am Langener Waldsee, eingekeilt zwischen einer türkischen Großfamilie, die damit beschäftigt war, ein halbes Lamm auf einem Grill zu garen, der bestenfalls Platz für vier Würstchen bot, und einer Horde Halbwüchsiger mit Baseballkappen und bermudaartigen Badehosen, die sich über eine Palette Bierdosen hermachten, wobei ihre einzige Konversation aus morseartigen lauten Rülpsern bestand, die sie im Takt der Techno-Musik ausstießen, die aus einem mitgebrachten CD-Player drang.

Ich verdrängte den Gedanken an Anna, die sich wahrscheinlich an irgendeinem paradiesischen Palmenstrand räkelte, und nahm mir stattdessen seufzend die Hausmänner-Briefe, die ich aus der Redaktion mitgebracht hatte, vor. Zweiundzwanzig. Zweiundzwanzig junge Männer, die vorgaben, im Job *und* im Haushalt erfolgreich zu sein. Ich hatte noch mehr Zuschriften bekommen, doch waren diese 22 diejenigen gewesen, die sich halbwegs plausibel geäußert hatten und auch vom Alter her zu unseren Leserinnen passten. Einige von ihnen, so wurde mir bei abermaliger Durchsicht klar, kämen durchaus als Kandidaten infrage, falls stimmen sollte, was sie geschrieben hatten. Da war ein Maschinenbauingenieur, der behauptete, am Wochenende regelmäßig fünfgängige Menüs zu zaubern, weil er sich dabei bestens entspannen könne, ein Graphikdesigner, der sich selbst als Perfektionisten beschrieb, der sich nur dann wohl fühle, wenn seine Wohnung ebenso sauber und aufgeräumt sei wie die schicken Lofts in der Werbung, die er designen musste, und ein Physiker, der behauptete, Freude an einer so konkreten und wenig intellektuellen Tätigkeit wie der Hausarbeit zu haben, weil dies ein angenehmer Kontrast zu den Dingen sei, mit denen er sich im Beruf beschäftige. Dann waren da noch ein Arzt, der sich dadurch hervortat, dass er in seinem Schreiben gleich einige praktische Haushaltstipps mitlieferte («blinde Fensterscheiben werden wieder klar, wenn man sie mit einem in Öl getränkten Wolllappen abreibt und mit Löschpapier nachpoliert»), ein Englischlehrer und der Besitzer einer Boutique in der Innenstadt, die ich ebenfalls in die engere Auswahl nahm. Das machte, mit Philipp, sieben.

Die übrigen drei Kandidaten würde ich spontan auftreiben. Jetzt ging es erst einmal darum, diese Männer zu interviewen, ohne dass sie merkten, mit wem sie es zu tun hatten. Das würde ich ihnen erst ganz zum Schluss verraten, wenn das Foto gemacht werden würde, denn erfahrungsgemäß erzählten sie sonst vor lauter Aufregung längst nicht so spannende Sachen. Aus diesem Grund hatte ich auch den Text meiner Anzeige so ähnlich abgefasst, wie damals Anna das Inserat formuliert haben musste – mit dem Unterschied, dass ich vorgegeben hatte, lediglich einen erfolgreichen und haushaltstechnisch versierten Mann kennen lernen zu wollen und nicht gleich einen, der bei mir einzog.

Zufrieden, dass ich einen Schritt weiter gekommen war, wollte ich gerade ein wenig schwimmen gehen, als jemand meinen Namen rief. Ich drehte mich um und sah Julius, der eine Ausgabe der «Annika» über dem Kopf schwenkte und mir signalisierte, herüberzukommen.

Ich sprang auf. Mit ihm zu reden war sicherlich deutlich spannender, als das Morsealphabet in meiner unmittelbaren Nachbarschaft zu entschlüsseln.

Kurze Zeit später – Julius hatte sich erboten, mir den Rücken einzucremen – lag ich auf dem Bauch in der Sonne und versuchte, die Augen offen zu halten. Julius hatte wieder einmal zu einem Vortrag über die deutsche Sprache angehoben und erklärte mir gerade den Unterschied zwischen der neuen und der alten Rechtschreibung in Bezug auf die Groß- und Kleinschreibung. Ich war dabei, einzuschlafen, als er plötzlich das Thema wechselte.

«Weißt du, wen ich gestern Abend gesehen habe?»

Ich öffnete die Augen einen Spaltbreit, was Aufmerksamkeit signalisieren sollte, und brummte.

«Das wirst du nicht glauben.» Julius sah mich auffordernd an.

«Wen denn?»

«Unseren Chef.»

Er machte eine bedeutungsvolle Pause. Als ich nichts sagte, fuhr er fort: «Ich war mit ein paar Freunden in der ‹Roten Bar›, wir haben Geburtstag gefeiert, und wer sitzt da in einer dunklen Nische, als ich zum Klo gehe, an einem Zweiertisch mit Kerzenschein und allem?»

Ich fand es nicht so aufregend, dass Hammerstein auch mal einen trinken ging, und so zuckte ich nur mit den Schultern.

«Na und?»

«Warte, bis ich dir sage, mit wem er da saß.»

«Keine Ahnung. Mit Gudrun?»

Gudrun war seine Sekretärin. Sie hatte eine Figur wie eine Plastik von Niki de Saint Phalle und im Gesicht trotz zweier kassenärztlich verordneter Nasenoperationen große Ähnlichkeit mit

Ulrich Wickert. Davon abgesehen war sie geduldig wie ein Elefant und ertrug alle Launen Hammersteins mit der Gelassenheit eines Goldfischs, was ihr meinen uneingeschränkten Respekt einbrachte.

«Quatsch», sagte Julius nur.

Ich schwieg erwartungsvoll.

Mit einer Stimme, die klang, als verliehe er gerade den Oscar für die beste schauspielerische Leistung, rief er: «Mit einem jungen Mann! Mit einem äußerst attraktiven jungen Mann!»

Einen Moment lang erwischte ich mich bei dem Gedanken, Hammerstein zu beneiden, doch dann dämmerte mir, worauf Julius hinauswollte.

«Du meinst, Hammerstein steht auf junge Männer?»

Julius spitzte die Lippen und wiegte seinen Kopf hin und her.

«Kann man zumindest nicht ausschließen, was meinst du?»

Mir fiel das Foto wieder ein, das ich auf Hammersteins Schreibtisch gesehen hatte, und ich berichtete Julius davon.

«Na also», rief mein lieber Kollege, der mir sonst immer predigte, dass ein Journalist ohne gründliche Recherche nicht auskomme, «da haben wir's doch! Wie sieht denn der Typ auf dem Foto aus? Dunkle Locken, helle Augen, ovales Gesicht?»

Während ich nickte, fiel mir ein, dass mich das besagte Foto damals an Philipp erinnert hatte – einen Tag nachdem wir uns auf der Vernissage getroffen hatten.

Ich überlegte. Konnte es sein, dass Philipp der Mann auf dem Foto war? Immerhin war er gestern Abend nochmal ausgegangen, es war also theoretisch möglich, dass er sich mit Hammerstein getroffen hatte.

Und wenn schon, Charlotte, raunten meine kleinen grauen Zellen. Solange er dich mit Schweinebraten verwöhnt und deine Blusen bügelt, kann es dir eigentlich egal sein, was er nach Feierabend macht.

Ich beschloss, Julius erst mal nicht zu erzählen, dass ich mit Philipp zusammenwohnte, und forderte ihn stattdessen zu einem Wettschwimmen auf, um ihn auf andere Gedanken zu bringen. Nachdem ich ihn um Haaresbreite geschlagen hatte, war selbstverständlich keine Rede mehr von Hammerstein oder seiner Begleitung, sondern Julius erging sich in einer ausführlichen Schilderung des Knieleidens, das ihn hin und wieder auf mysteriöse Weise beim Baden überfalle und an Land schlagartig wieder verschwinde. Bevor er zu einem längeren Vortrag über arthroskopische und endoskopische Eingriffe ins männliche Kniegelenk ausholen konnte, verabschiedete ich mich. Ich würde meine kostbare Freizeit nicht dazu nutzen, Julius' Ego auf Vordermann zu bringen. Musste mich vielmehr um mein eigenes kümmern und zudem dafür sorgen, dass ich den Samstagabend nicht wie den Freitagabend verbringen würde – allein in meinem Bett.

«Hammerstein und Philipp?» Sascha wischte sich den Schweiß von der Stirn. Wir hatten uns, weil es dort im Hochsommer so schön leer war und man sich also ungestört unterhalten konnte, nach der Arbeit in der Sauna verabredet. Bei 28 Grad Außentemperatur und 60 Grad Innentemperatur hatte ich ihr soeben – splitternackt auf einer Holzpritsche hockend – von Julius' neuester Entdeckung und meiner Vermutung erzählt.

«Das kann ich mir nicht vorstellen.» Sascha schüttelte energisch den Kopf und richtete sich auf. «Hammerstein hat doch Kinder und alles, da wird er doch nicht auf seine alten Tage mit einem jungen Mann durchbrennen.»

«Warum nicht? Das kommt immer wieder vor, weil die Männer sich früher nicht so getraut haben, zu ihrer Homosexualität zu stehen», zitierte ich aus einem Bericht der «Rosa Hilfe», den ich nach meiner Rückkehr vom See im Internet ausfindig gemacht hatte.

«Aber ausgerechnet Hammerstein. Überleg doch mal. Der hat doch auf dem letzten Betriebsfest noch mit der Frau von Sapinski geflirtet.»

Rüdiger Sapinski war für alle technischen Fragen in der Redaktion zuständig und hatte im Laufe seines Berufslebens wohl mehrere tausend verloren geglaubte Texte auf wundersame Weise wieder zurück auf die Bildschirme gezaubert. Ich erinnerte mich daran, dass er eine sehr auffallende Frau hatte, deren Attraktivität meiner Meinung nach auf einer Skala von eins (hässlich) bis zehn (phänomenal) eindeutig in die Region neuneinhalb fiel, während Sapinski es nie über die Zwei hinaus schaffen würde. Hammerstein war der Neuneinhalb den ganzen Abend nicht von der Seite gewichen und hatte Sapinski gegen halb eins ein Taxi bestellt. Seine Frau war noch geblieben.

Ich überlegte, kam aber zu keinem Ergebnis. «Wir müssen abwarten, bis ich wieder in Hammersteins Büro gewesen bin. Dann schaue ich mir das Foto nochmal genau an, und wenn Philipp tatsächlich gerahmt auf Hammersteins Schreibtisch steht, dürfte die Sache wohl klar sein.»

Mir dämmerte, dass es in diesem Fall auch nicht so eine gute Idee wäre, ausgerechnet über Hammersteins Lover eine Titelgeschichte zu schreiben.

«Okay. Und jetzt lass uns mal die wirklich wichtigen Sachen besprechen. Wann lerne ich Raul kennen?»

Ernüchtert berichtete ich von unserem letzten Treffen und meinem Abgang vor dem «Frankfurter Hof», wobei ich bemerkte, dass ich beim Erzählen nicht mehr die richtige Wut entwickeln konnte.

Unsicher blickte ich Sascha an. «Meinst du, das war übertrieben?»

Sie zögerte. «Kommt drauf an, wie sehr du in ihn verliebt bist. Wenn du sowieso die ganze Zeit an ihn denkst, bestrafst du dich mit der Aktion womöglich mehr als ihn.»

Ich überlegte. Es war tatsächlich so, dass ich jedes Mal, wenn unser Telefon klingelte, hoffte, Raul sei dran, und wenn ich nach Hause kam und eine Nachricht auf dem Anrufbeantworter war, drückte ich stets hoffnungsvoll die Abhörtaste, um dann enttäuscht zurückzuweichen. Ich war kurz davor, meine Abneigung gegen Handys zu überwinden und mir eine Sehnenscheidenentzündung zuzuziehen, weil ich auf unserem alten Tastentelefon prophylaktisch und rein theoretisch damit begonnen hatte zu lernen, wie man eine SMS verschickt. Die Texte variierten dabei inhaltlich von «Komm zurück, ich bin eine dumme Kuh» über «War nicht so gemeint, habe überreagiert» bis hin zu «Kannst du mir verzeihen? Ich befand mich in der prämenstruellen Phase».

«Und was würdest du an meiner Stelle tun, wenn du das Gefühl hättest, du würdest ihn gern wieder sehen?», fragte ich unglücklich.

«Dann würde ich die Sache nochmal zur Sprache bringen und abwarten, wie er reagiert.»

Dankbar sah ich sie an. Das war eine pragmatische und nahe liegende Lösung, bei der ich mein Gesicht wahren und ihm die Möglichkeit geben konnte, sich zu rehabilitieren.

Ich ging zu dem Bottich für die Dampfaufgüsse, schüttete eine Kelle Wasser über den Ofen und erkundigte mich, die aufsteigenden Dampfschwaden so gut es ging ignorierend, nach Stephano.

«Wir waren gestern Abend zusammen essen und danach noch bei ihm», berichtete Sascha emotionslos.

Ich stutzte. «Und? Ist er seinem Ruf gerecht geworden?»

«Inwiefern?»

«Na, ich habe verschiedene Frauen sagen hören, dass er im Bett wahre Wunder vollbringen soll.»

Irritiert zog Sascha die Augenbrauen hoch. «Wen denn?»

«Ooooch», ich zuckte die Schultern, «ein paar Kolleginnen vom ‹Abendblatt› ...» Den Rest des Satzes ließ ich in der Luft hängen, weil ich vermutete, dass ich schon wieder das falsche Thema gewählt hatte. Ich hätte mir am liebsten die Zunge abgebissen.

Doch unerwarteterweise beugte Sascha sich vor und sagte leise:

«Also, wenn du es genau wissen willst: Es ist überhaupt nichts gelaufen, weil er partout keinen hochgekriegt hat und ersatzweise eingeschlafen ist.»

Erstaunt starrte ich sie an. «Eingeschlafen?»

Sie nickte.

«Und was hast du dann gemacht?»

«Hab mich ein wenig in seiner Wohnung umgesehen und bin dann nach Hause gefahren. Hatte keine Lust, am nächsten Morgen mit ihm zu frühstücken.»

Ich nickte verständnisvoll. «Wie demütigend. Man bekommt ja bei so was immer sofort das Gefühl, man habe einen zu fetten Hintern oder zu kleine Brüste, nicht?»

Sascha seufzte und blickte an ihrem schweißglänzenden Körper hinunter. «Und wenn schon. Er wird sich schon wieder melden. Ich habe immerhin noch seinen Wohnungsschlüssel.»

«Seinen Wohnungsschlüssel?»

Sie nickte. «Den scheint er übrig gehabt zu haben. Lag da so ganz allein in einer Schale beim Telefon und passte genau in die Wohnungstür. Da hab ich gedacht, das soll sicherlich ein Zeichen sein.» Sie grinste.

«Sascha! Weißt du, dass das Diebstahl ist?»

«Und wenn schon. Anzeigen wird er mich bestimmt nicht. Ich hab ja nichts aus seiner Wohnung gestohlen.»

Zweifelnd blickte ich sie an. «Wenn du meinst …»

«Warten wir mal ab. Ich schätze, spätestens morgen wird er sich melden.»

Als ich nach Hause radelte, musste ich nochmal über unsere Unterhaltung nachdenken. Ich bewunderte Sascha für ihre zupackende Art und beschloss, mir ein wenig von ihrem Optimismus zu Eigen zu machen. Annas Abreise hatte mich mehr, als ich gedacht hatte, mitgenommen, und es war an der Zeit, dass ich wieder so fröhlich und zuversichtlich wurde wie nach den beiden Telefonaten mit Philipp und Raul, wo ich das Gefühl gehabt hatte, wenn ich nur wolle, gelinge mir alles. Als ersten Schritt in diese Richtung, so nahm ich mir vor, würde ich am Sonntagmorgen Raul anrufen.

Sieben Ich träumte gerade, dass ich mit Rauls Zweitschlüssel
bewaffnet in seine Wohnung eingedrungen sei und dort den
Kopf des Radfahrers auf eine Lanze gespießt vorgefunden hätte,
als ich von einem lauten Pochen an meine Tür geweckt wurde.

«Telefon!»

Dann öffnete sich die Tür, und Philipps Arm schob ein klin-
gelndes Etwas durch den Spalt. Missmutig verließ ich Rauls
Wohnung, kroch aus dem Bett und schnappte es.

«Hallo?»

«Charlotte?»

«Anna!»

Was für eine wunderbare Überraschung, auch wenn es für meine Begriffe erst halb sieben war! Flugs schlüpfte ich zurück in
mein Bett und kuschelte mich wieder unter die Decke, während
sie mich auf den neuesten Stand der Dinge brachte: Sie war in
Kathmandu, hatte sich einer Trekkingtruppe angeschlossen und
wollte morgen zu einer vierzehntägigen Rundwanderung ins
Annapurnamassiv aufbrechen. Ich war besorgt, denn ich wusste über die Lektüre der Nachrichtenagenturen in der Redaktion,
dass jedes Jahr mehrere deutsche Touristen beim Bergsteigen in
Nepal ums Leben kamen – die deutsche Botschaft in dem König-
reich war daher eigens mit einer Kühlkammer ausgerüstet worden, in der die Leichname der Verstorbenen bis zu deren Über-
führung nach Deutschland gelagert wurden.

Anna lachte mich aus: «Und wenn schon – dann sehe ich wenigstens frisch und knackig aus, wenn ich lande. Das war auf dem
Hinflug anders. Da hatten wir bei der Zwischenlandung in Delhi
Stromausfall an Bord, und das ganze Flugzeug hat sich innerhalb
von drei Sekunden in eine Saunalandschaft verwandelt.»

«Anna, es ist wirklich gut, dass du anrufst», unterbrach ich sie, «ich muss dich nämlich was fragen.» Ich berichtete von Saschas Einschätzung, dass ich Raul besser nochmal anrufen sollte, und fragte sie, ob sie auch dieser Meinung sei.

Anna lachte. «Wenn es dir hilft. Ich möchte jedenfalls nicht schuld daran sein, dass deine Mutter und deine Oma ein Vermögen in Kerzen investieren. Da ist es vielleicht tatsächlich besser, du meldest dich nochmal bei ihm. Aber jetzt sag doch mal, wie macht sich denn dein Hausmann?»

Ich überlegte. «Bis jetzt ganz gut, eigentlich. Hat am ersten Abend Schweinebraten gekocht und sonst keine Schwierigkeiten gemacht. Scheint im Sitzen zu pinkeln und weder in Blumenvasen oder Wäschekörbe zu masturbieren noch irgendwelche ansteckenden Krankheiten zu haben – jedenfalls habe ich noch keine roten Pusteln oder sonstige Beschwerden. Also, ich glaube, er ist ganz nett.»

Anna lachte. «Wenn das keine guten Voraussetzungen für eine angenehme Wohnatmosphäre sind! Dagegen leben die Leute hier noch in der Steinzeit. In den Bergdörfern, wo wir hinwandern wollen, haben sie noch nicht mal Toiletten.»

Sie berichtete ausführlich von den Einwohnern jener Gegend, deren alte Männer noch immer die Uniformen der britischen Armee trugen, wo sie als «Gurkhas» gedient hatten. Diese Gurkhas, die es auch heute noch gebe, seien berühmt für ihre Tapferkeit und Unerschrockenheit.

«Ein Engländer, den ich hier kennen gelernt habe, hat mir erzählt, dass im Zweiten Weltkrieg die Soldaten einer Einheit der britischen Armee gefragt worden sind, wer von ihnen bereit sei, über feindlichem Gebiet aus einem Flugzeug abzuspringen. Daraufhin ist etwa die Hälfte der Gurkhas vorgetreten. Als der Kommandeur präzisiert hat, es werde selbstverständlich mit Fallschirm gesprungen, hat sich die andere Hälfte auch noch gemeldet.»

Genüsslich räkelte ich mich unter der Decke, während Anna mir weitere Geschichten aus Nepal erzählte. Es war ein bisschen wie eine Märchenstunde. Sie berichtete über den Brauch der Nepalesen, vierjährige Mädchen zu Göttinnen zu ernennen und in eine Art Schrein zu sperren, den sie nur zu besonderen Anlässen in einer Sänfte verlassen durften, aus dem sie aber mit dem Einsetzen der Menstruation für immer vertrieben wurden, woraufhin sie ins weltliche Leben zurückkehrten und größte Schwierigkeiten hatten, sich dort zurechtzufinden. Und sie erzählte von Mädchen, die von ihren Eltern an Zuhälter verkauft und nach Indien verschleppt wurden, wo sie sich in Bordellen so lange prostituieren mussten, bis sie an Aids erkrankten. Dann wurden sie zurück nach Nepal geschickt, wo sie von ihren Familien meist nicht mehr aufgenommen wurden, weil sie krank waren. Als wir auflegten, war es halb zehn, und ich wankte benommen unter die Dusche.

«Charlotte? Telefon!» Philipp trommelte an die Badezimmertür, und ich wickelte mich hektisch in ein Badetuch. Heute Morgen schien ich eine gefragte Gesprächspartnerin zu sein, und ich genoss das Gefühl in vollen Zügen. Neugierig drückte ich den Hörer an mein Ohr.
«Ich bin's», sagte Raul. «Wie geht es dir?»
Meine Herzfrequenz beschleunigte sich innerhalb einer Millisekunde auf Überschallgeschwindigkeit, doch ich bemühte mich um einen gelassenen Tonfall.
«Guten Morgen.»
«Wollte mal hören, ob du dich wieder beruhigt hast», sagte er, als erkundige er sich nach dem Gemütszustand einer Geisteskranken.
«Das Gleiche könnte ich dich fragen.»
«Mir geht es prima, bis auf die Tatsache, dass wir uns schon viel zu lange nicht gesehen haben.»
Er schien sicher zu sein, dass ich inzwischen zu der Überzeugung gelangt war, ich habe überreagiert, und hielt es für undenkbar, dass ich ihn nicht wieder sehen wollte.

Charlotte, so leicht wirst du es ihm nicht machen, flüsterten meine kleinen grauen Zellen. Er muss eine wirklich handfeste Begründung liefern, warum er so ausgeflippt ist.

«Was macht dich so sicher, dass sich das bald ändern wird?», gab ich daher schnippisch zurück.

«Ich würde gerne am Samstag meinen Geburtstag mit dir feiern, Charlotte.»

Ich schluckte. Seinen Geburtstag! Mit mir, mit mir allein! Das war einfach überwältigend. Ich sah uns schon in einem intimen kleinen Restaurant sitzen, Champagner schlürfen und von befrackten Kellnern umschwänzelt werden und wusste gar nicht, was ich sagen sollte.

«Bist du noch dran?» Raul schien eine Antwort zu erwarten.

«Jaja, bin nur etwas überrascht. Wie alt wirst du denn?», improvisierte ich, obwohl ich die Antwort kannte.

«Alt genug, um allein ausgehen zu dürfen. Noch lieber würde ich dich allerdings zu mir einladen. Da laufe ich auch nicht Gefahr, dass uns vorher ein Radfahrer in die Quere kommt.»

Ich musste lachen. «Soll das heißen, du hast nochmal über die Sache nachgedacht?»

«Habe ich. Wenn es dich beruhigt: Ich hätte tatsächlich einen freundlicheren Ton anschlagen können. Aber das ändert nichts an der Tatsache, dass der Typ ein Idiot war.»

Was sollte ich nun damit anfangen? Das war ja alles andere als ein Schuldeingeständnis. Aber wenn ich noch länger rumzickte, würde er seinen Geburtstag womöglich mit jemand anderem feiern. Ich brannte darauf, seine Wohnung kennen zu lernen und ihm bei Kerzenschein gegenüberzusitzen.

«Also, was ist, hast du Lust?», hakte er nach.

«Ja, können wir machen», sagte ich möglichst unenthusiastisch.

«Gut, dann erwarte ich dich um acht Uhr. Schönen Sonntag noch!»

Er legte auf, bevor ich noch etwas sagen konnte, und ich wickelte mich aus meinem Handtuch wieder aus, um nochmals unter die Dusche zu steigen, weil ich vor lauter Aufregung angefangen hatte zu schwitzen. Zehn Minuten später streckte ich meinen Kopf mit einem breiten Grinsen durch die Küchentür. Philipp saß mit der Sonntagszeitung am gedeckten Frühstückstisch. Sogar frische Brötchen hatte er geholt. Mir lief das Wasser im Mund zusammen, und ich setzte mich eilig zu ihm.

«Du bist ja heute Morgen sehr eingespannt», sagte er.

Ich zuckte kauend die Schultern und bemühte mich, nicht zu zeigen, dass dies eine absolute Ausnahme war.

«Und, wie geht's deiner Freundin?»

Ich erstattete Bericht, und es stellte sich heraus, dass er auch schon mal in Nepal gewesen war, um in einer Einrichtung für Leprakranke ein Praktikum zu machen. Fasziniert hörte ich ihm zu, während er von den Folgen der Krankheit sprach und den Lebensmut und die Gelassenheit der Menschen beschrieb, die auf der Station gelebt hatten. Dann holte er aus Annas Zimmer ein handgearbeitetes Mobile, das er von dort mitgebracht hatte. Es bestand aus kleinen Elefanten und Giraffen, die aus Metall ausgeschnitten waren und bunt bemalt an Perlenschnüren hingen. Darüber wölbte sich ein rundes Dach, und das Ganze erinnerte an ein Kinderkarussell.

Wir verbrachten den halben Nachmittag damit, Reiseerinnerungen auszutauschen, und als ich schließlich auf die Uhr sah, bemerkte ich, dass ich kein einziges Mal darüber nachgedacht hatte, ob Philipp nun derjenige gewesen war, mit dem Hammerstein in der «Roten Bar» gesessen hatte. Ich überlegte, ob ich ihn einfach fragen sollte, was er am Freitagabend gemacht hatte, kam dann aber zu dem Ergebnis, dass das zu aufdringlich wäre.

Den Rest der Woche verbrachte ich in gespannter Erwartung auf den Samstag. Nebenbei versuchte ich, mich auf die Arbeit an der Serie zu konzentrieren, doch brachte ich außer einem Absatz über Philipps Biographie und einigen Telefonaten nicht viel zustande. Im Job und im Haushalt erfolgreiche junge Männer schienen viel um die Ohren zu haben, denn ich konnte keinen der Männer, die sich auf meine Annonce gemeldet hatten, telefonisch erreichen. So hinterließ ich allen Auserwählten eine Nachricht auf dem Anrufbeantworter und hoffte auf ihren Rückruf.

Am Donnerstag fiel mir ein, dass ich ein Geschenk brauchte. Hektisch blätterte ich in dem Dossier «Phantasievolle Präsente für potente Partner», das wir im vergangenen Jahr zu dem Thema veröffentlicht hatten, doch kamen meiner Meinung nach weder ein Rasierpinsel aus Antilopenhaar noch eine politisch korrekte Gummipuppe (erhältlich in «afrikanisch», «asiatisch», «indianisch» und «europäisch») infrage. Auch Saschas Vorschlag – sie hatte in einer Boutique auf der Goethestraße eine Boxershorts entdeckt, die genau im Schritt ein Zitat von Schopenhauer («Der Resonanzboden des Gehirns») trug – schien mir nicht geeignet. Am Freitagabend schließlich kam mir die rettende Idee: Ich würde Raul eine Collage basteln, in der er und seine Band als Megastars des 21. Jahrhunderts auftauchen würden. Also machte ich mich kurz vor Ladenschluss auf den Weg, um sämtliche Zeitschriften am Bahnhofskiosk aufzukaufen und mich anschließend noch mit einem großen Klebestift einzudecken.

Als ich nach Hause kam, blinkte der Anrufbeantworter. Ich drückte die Abhörtaste, und dann musste ich mich erst mal setzen: Raul hatte angerufen, um mir zu sagen, dass sein Mitbewohner an hoch ansteckendem Pfeiffer'schen Drüsenfieber erkrankt sei und wir uns daher unmöglich bei ihm treffen könnten. Stattdessen schlug er vor, zu mir zu kommen.

«Also, Charlotte, wenn ich nichts mehr von dir höre, komme ich am Samstag um acht vorbei. Schönen Abend noch!» Dann klickte es, und der Anrufbeantworter schaltete sich ab.

Ungläubig hörte ich mir die Nachricht nochmal an. Pfeiffer'sches Drüsenfieber? Hatte ich noch nie gehört. Und er selbst war gesund, obwohl das angeblich so ansteckend war?

Dann dämmerte mir, dass er sicherlich erwarten würde, irgendein Essen vorgesetzt zu bekommen, sozusagen ein Geburtstagsessen. Nervös begann ich, im Flur auf und ab zu laufen, denn Anna hatte mir schließlich nicht umsonst einen Hausmann besorgt. Im Kochen war ich ungefähr so gut wie im 100-Meter-Hürdenlauf, wo ich in der Schule im Eifer des Gefechts regelmäßig eine der Hürden umgerissen hatte, weil ich besonders schnell sein wollte: Ich schaffte es in der Regel nur, mich auf eine Sache zu konzentrieren, und das war entweder die sorgfältige Bereitstellung und Vorbereitung aller Zutaten oder aber deren Verarbeitung. Mich mit gleichem Enthusiasmus allen im Kochbuch angegebenen Schritten zu widmen, war mir bislang immer wie eine besonders unnötige Fleißaufgabe vorgekommen, deren sorgfältige Erledigung niemand außer einigen besonders akkuraten Hausfrauen in geblümten Kittelschürzen ernsthaft in Erwägung ziehen würde.

Während ich die Zeitschriften in mein Zimmer brachte und meine Arbeitskleidung gegen eine bequeme Fleecehose und ein schlabberiges Sweatshirt austauschte, versuchte ich mich an meine letzte erfolgreiche kulinarische Kreation zu erinnern. Leider fielen mir stattdessen nur die Momente ein, in denen ich an die Grenzen des guten Geschmacks gestoßen war: Da war jener Abend gewesen, an dem ich Knut, den Fahrradkurier, mit selbst gemachten Spinatgnocchi beeindrucken wollte. Die Dinger waren noch im Kochtopf zerfallen, weiß der Geier warum, und wir hatten an jenem Abend auf die Nahrungsaufnahme verzichtet und stattdessen heiße Küsse ausgetauscht. Dann war da der Geburtstag von Anna gewesen, an dem ich sie mit einem wunderbaren Abendessen überraschen wollte. Ich hatte bei dem Versuch, gegrilltes Zitronenhähnchen zuzubereiten, fast die Küche abgefackelt, weil ich beim Vorheizen des Ofens vergessen hatte, dass wir dort immer unsere alten Brötchen aufbewahrten – in Papiertüten, sinnvollerweise.

Ich stöhnte. Vielleicht sollte ich ihn einfach in ein Restaurant einladen? Aber dann würde er vielleicht denken, ich könne nicht kochen, und diese Blöße wollte ich mir keinesfalls geben. Schließlich hätte er auch für mich gekocht, wenn sein Mitbewohner nicht krank geworden wäre.

Nein, ich würde die Gelegenheit beim Schopf packen und ein fulminantes Menü zaubern. Ich durfte mich nur nicht verrückt machen. Es galt schließlich bloß, ein paar lächerliche Anweisungen aus einem Kochbuch zu befolgen, da würde ich, junge und erfolgreiche Redakteurin, doch nicht klein beigeben!

Ich würde ein siebengängiges Menü zubereiten.

Nachdem ich diesen Vorsatz gefasst hatte, machte ich mich daran, die Collage zu basteln. Am Samstag wäre schließlich noch Zeit genug, mich um die Details zu kümmern. Je weniger ich vorher darüber nachdachte, umso unverkrampfter würde ich die Sache angehen.

Am Samstagmorgen machte ich mich nach einem ausgiebigen Frühstück daran, den Abend zu planen. Nachdem Philipp auf den Markt gefahren war, machte ich mich zunächst über seine Kochbuchsammlung her und legte die Speisefolge fest. Nach einer Dreiviertelstunde war mir klar: Es würde ein italienischer Abend werden. Nach weiteren fünfzig Minuten hatte ich die einzelnen Gänge ausgewählt und den Einkaufszettel geschrieben. Nun blieben mir noch eineinhalb Stunden, um auf dem Markt die Zutaten für folgende Gerichte zu beschaffen:

1. Tomaten-Kapern-Crostini
2. Kalte Gemüseplatte
3. Garnelen mit Kräutern
4. Tagliatelle mit Wildpilzen
5. Kalbsschnitzel mit Zitrone und Kapern

6. Überbackene Pfirsiche mit Mascarponecreme
7. Schokoladen-Nuss-Torte

Während ich mich aufs Rad schwang, überlegte ich, ob ich noch genug Zeit hätte, alle diese Dinge vorzubereiten, bevor Raul käme. Wenn man die angegebenen Zubereitungszeiten für die einzelnen Rezepte zusammenzählte, kam man immerhin auf dreizehneinhalb Stunden. Ich war allerdings der Meinung, dass sicherlich irgendwo Synergieeffekte zu nutzen sein würden, und beschloss, erst einmal frische Zutaten zu besorgen und die Sache dann ganz in Ruhe anzugehen.

Zwei Stunden später – ich hatte mich von einem Großraumtaxi nach Hause bringen lassen, da meine ganzen Einkäufe unmöglich auf mein Fahrrad passten – stand ich schwitzend in der Küche und versuchte, die wichtigsten Dinge im Kühlschrank zu verstauen. Das war gar nicht so leicht, denn Philipp hatte in Unkenntnis meiner Pläne ebenfalls eingekauft – vermutlich für die gesamte kommende Woche – und die wichtigsten Dinge im Kühlschrank verstaut.

Um mich zu entspannen, öffnete ich schon mal ein Fläschchen Pinot Grigio und genehmigte mir ein Gläschen, bevor ich mich an die Arbeit machte. Dann begann ich vorsichtig, Paprika zu häuten, Nudelteig zu kneten, Sardellenfilets zu wässern und Pfirsiche zu schälen. Als ich damit fertig war, sah die Küche aus, als seien alle sieben Gänge bereits zubereitet und von einer vierzigköpfigen Hochzeitsgesellschaft verspeist worden.

Ich sah mich kurz um und setzte mich erst mal. Ich musste Ruhe bewahren, klar. War ja noch Zeit genug.

Ich goss mir noch ein Gläschen ein und änderte die Taktik: Ich würde die Gerichte in der Reihenfolge zubereiten, in der wir sie essen wollten. Das würde es mir ermöglichen, jederzeit den Überblick zu behalten und immer zu wissen, was als Nächstes zu tun sei.

Um Viertel nach fünf – meine Stimmung war auf dem Nullpunkt

und ich gerade dabei, einige verbrannte Auberginen von unserem letzten freien Backblech zu kratzen – kam Philipp in die Küche.

Überrascht starrte ich ihn an. Offenbar hatte er geschlafen. Jedenfalls trug er nur eine Boxershorts und hatte völlig verstrubbelte Haare. Irritiert stellte ich fest, dass er für einen Hausmann einen ausgesprochen flachen Bauch und auch sonst eine sehr sportliche Figur hatte. Irgendwie hatte ich erwartet, wenn jemand Schweinebraten kochen konnte, würde er unter seiner Kleidung auch ein bisschen wie ein wabbeliges Stück rohes Fleisch aussehen. Als ich mich zwang, meine Musterung zu beenden, sah ich geradewegs in Philipps amüsierte grüne Augen.

«Na, was machst du denn bei dem Wetter im Haus?», fragte ich, um irgendetwas zu sagen, und machte mich hektisch daran, das Backblech wieder zu bearbeiten, wobei ich ihn aus den Augenwinkeln weiter beobachtete.

Philipp machte sich nicht die Mühe zu antworten, sondern ließ seinen Blick langsam über das Durcheinander in der Küche schweifen. Dass er halb nackt war, schien ihm gar nicht bewusst zu sein, jedenfalls hatte es den Anschein, dass er sich vollkommen wohl fühlte. Schließlich fragte er: «Willst du die Beschichtung als Vorspeise servieren, oder wieso versuchst du, sie mit vom Blech zu kratzen?»

Charlotte! Nein! Weil ich so damit beschäftigt gewesen war, ihn zu mustern, hatte ich nicht nur die Auberginenreste, sondern gleich auch die schwarze Beschichtung von dem Blech gekratzt, sodass nun in der Mitte ein großer silberner Fleck leuchtete.

«Das Ding muss mal richtig sauber gemacht werden», sagte ich bestimmt, «da hängen ja noch Essensreste von den Vormietern drauf.»

Philipp schaute mich an, als habe ich ihm soeben erklärt, ich wolle die Küche mit Agent Orange desinfizieren, sagte aber nichts mehr. Stattdessen öffnete er das Fenster, räumte die Spülmaschine ein und kochte Kaffee. Dann goss er schweigend zwei Tassen voll und reichte mir eine.

Dankbar ließ ich mich an den Küchentisch sinken. Ich war wirklich vollkommen erschöpft. Die konzentrierte Arbeit in der Küche war ich nicht gewohnt, geschweige denn die insgesamt vier Gläser Wein, die ich mir genehmigt hatte.

«Was Größeres vor heute Abend?», fragte Philipp, während er die Schokoladen-Nuss-Torte musterte, die ich schon mal außer der Reihe zubereitet hatte, um aus dem strengen Korsett, das ich mir auferlegt hatte, auszubrechen, und deren Überzug aus Mandeln und Schokoladenglasur an eine Mondlandschaft erinnerte, weil ich die Torte aufgrund der unbefriedigenden Situation in unserem Kühlschrank nicht kalt gestellt hatte, bevor ich die Glasur aufgetragen hatte.

«Kriege Besuch zum Essen», sagte ich knapp.

Philipp nickte. «Das sieht man. Scheint eine ziemlich ausgehungerte Bande zu sein.»

Ich sagte gar nichts und nahm deprimiert mein Werk in Augenschein: Die Gemüseplatte war arg ausgedünnt, weil die Auberginen dem Ofen zum Opfer gefallen waren, die Nudeln zerbröckelt, weil der Teig nicht elastisch genug gewesen war, und die Torte – nun, die Torte war eben postmodern. Hinzu kam, dass ich wohl keine Zeit mehr haben würde, Kalbsschnitzel und Pfirsiche zuzubereiten, sodass ich es auf fünf Gänge bringen würde, von denen drei verhunzt waren. Genau genommen war noch nicht abzusehen, wie die übrigen zwei gelingen würden, weil ich mit denen noch nicht angefangen hatte.

«Und was hast du heute Abend vor?», fragte ich, um herauszufinden, ob er sich wohl wieder mit Hammerstein treffen würde.

«Och, treffe mich mit ein paar Freunden.»

Ich überlegte kurz, ob ich ihn bitten sollte, mir bis dahin in seiner Eigenschaft als Hausmann ein wenig behilflich zu sein, doch das Essen mit Raul war mein Privatvergnügen, das nichts mit Philipps Job als Hausmann zu tun hatte. Also machte ich mich nach einem Blick auf die Uhr notgedrungen wieder an die Arbeit, wobei ich mich bemühte, so wenig wie möglich in die Kochbücher zu blicken, solange Philipp noch in der Küche saß.

Als Raul um Punkt neun Uhr klingelte, war Philipp gerade weg und ich noch nicht geduscht. Stattdessen versuchte ich verzweifelt, die verbrannten Stellen von den Crostini zu pulen, ohne dabei allzu großen Flurschaden zu hinterlassen. Ich selbst roch vermutlich nach einer Mischung aus Kapern, Knoblauch, Schokolade und Wein und die Wohnung sowieso, obwohl ich seit einer halben Stunde alle Fenster geöffnet hatte. Ich konnte Raul nur wünschen, dass er eine starke Erkältung hatte, damit er nicht gleich ohnmächtig werden würde, wenn ich ihm die Tür öffnete. Außerdem hoffte ich, dass er schon mal ein Butterbrot zu sich genommen hatte, bevor er sich auf den Weg gemacht hatte.

«Charlotte, schön, dich zu sehen!»

Raul überreichte mir einen großen Strauß roter Rosen und wirkte so, als habe er jede einzelne davon in Vorfreude auf unser Wiedersehen selbst gepflückt. Er sah aus, als sei er einem Poster der «California Dream Men» entsprungen, und ich spürte, wie sich in meinem Bauch jenes Kribbeln wieder einstellte, das nach dem Intermezzo mit dem Fahrradfahrer so plötzlich verschwunden war. Nervös bat ich ihn ins Esszimmer und drückte ihm ein Glas Martini on the Rocks in die Hand, um dann schnell unter die Dusche zu flitzen.

Ich würde etwas wirklich Verführerisches anziehen, überlegte ich, während ich mich abtrocknete. Das Gardinenkleid schied aus, weil Raul es schon kannte, also blieb nur noch meine tief dekolletierte Wickelbluse mit dem engen, langen, geschlitzten Seidenrock. Ich schlüpfte hinein, legte etwas Augen-Make-up auf und betrat wenig später so entspannt das Esszimmer, als stünde dort ein elektrischer Stuhl für mich bereit.

Erleichtert bemerkte ich, dass Raul schon mal für Stimmung gesorgt hatte: das Licht gelöscht, alle fünf Kerzen in unserem Leuchter angezündet, sein Sakko ausgezogen und eine CD von Miles Davis in den CD-Spieler geschoben. Er stand mal wieder vor dem Bücherregal, das schien irgendwie eine Spezialität für alle Lebenslagen von ihm zu sein. Als er mich hereinkommen hörte, drehte er sich um und musterte mich interessiert. Instinktiv zog ich den Bauch ein, drückte die Brust raus und richtete mich auf, wobei ich mich ein wenig fühlte wie als Kind im Ballettunterricht.

Doch der gewünschte Effekt stellte sich ein, denn Raul lächelte mich an und erklärte: «Ich hab dich vermisst, Charlotte.»

«Warum?»

«Weil du anders bist als die anderen Frauen. So … direkt.»

Aha. Direkt. Meine kleinen grauen Zellen konnten sich nicht einigen, ob sie dieses Adjektiv in das «Positiv»- oder Negativ»-Kästchen in der Abteilung «Äußerungen außergalaktisch attraktiver zweiunddreißigjähriger Männer» einordnen sollten, und zerrten heftig an den entsprechenden Synapsen herum. Ich zwang mich, sie nicht weiter zu beachten.

«Ich hab mich auch total gefreut, dass du deinen Geburtstag ausgerechnet mit mir feiern willst. Herzlichen Glückwunsch!»

Dann zog ich die Collage hervor, die ich am Freitagabend gebastelt und in knallrotes Geschenkpapier gepackt hatte. Raul nahm sie mir aus der Hand, stellte sie zur Seite und umarmte mich.

«Danke. Das packe ich später aus, ich hab nämlich einen Bärenhunger. Riecht ja auch schon sehr, mmhh, interessant hier.»

Das ließ ich mir nicht zweimal sagen, und kurze Zeit später saßen wir uns bei zerbröselten Tomaten-Kapern-Crostini gegenüber.

«Wie geht es denn deinem Mitbewohner? Ist er immer noch so krank?»

Raul zögerte. «Ja, der Arme liegt immer noch mit vierzig Grad

Fieber im Bett. Gerade eben war der Arzt wieder da, es ist noch keine Besserung in Sicht.» Er zuckte bedauernd mit den Schultern.

«Und bist du sicher, dass du dich nicht auch angesteckt hast?»

«Jaja, ganz sicher. Mir ist zwar auch heiß, aber aus anderen Gründen.» Dabei sah er mich vieldeutig an.

Ich bemühte mich, mit geschlossenem Mund zu lächeln, da ich fürchtete, dass mir sonst einige Krümel der zwiebackartigen Crostini-Masse entfallen würden, und spülte schnell mit einem großen Schluck Wein nach. Irgendwie waren diese trockenen Kaugeräusche unerotisch.

«Gibt es eigentlich nicht tausend Leute, die deinen Geburtstag mit dir feiern wollen?», fragte ich, weil mir so schnell nicht einfiel, was ich sonst sagen sollte.

«Doch, aber du solltest die Frage andersrum stellen: Gibt es auch tausend Leute, mit denen ich meinen Geburtstag feiern möchte?»

«Wohl nicht, sonst wärst du jetzt nicht hier, stimmt's?»

«Genau. Und es gibt sicherlich wenige Frauen in der Stadt, die mich mit einem so fulminanten Geburtstagsmenü überrascht hätten.» Raul lächelte und schob sich den letzten Crostino in den Mund.

Langsam wurde ich etwas ruhiger, denn die Komplimente taten ihre Wirkung. Oder war es der Wein? Jedenfalls erschien mir der Gedanke an die auberginenlose Gemüseplatte auf einmal gar nicht mehr so deprimierend, und als ich sie auf den Tisch stellte, kündigte ich sie einfach als Zwiebelplatte an. Der Ton machte schließlich die Musik, und woher sollte Raul schon wissen, dass eigentlich neben den Zwiebelringen auch noch Auberginen vorgesehen gewesen waren?

Allerdings hatte ich nicht ahnen können, dass Raul eine Zwiebelallergie hatte. Das war eine mittlere Katastrophe, denn nun konnte ich ihm nur noch die Nudeln anbieten, und die würde er am besten mit dem Strohhalm zu sich nehmen, weil sie sich im Kochtopf sozusagen aufgelöst hatten. Während ich zurück in die Küche ging (ich hatte solidaritätshalber auch nicht von den Zwiebeln gegessen), beschloss ich, die Steinpilzsoße statt mit der Nudelpampe einfach als Suppe zu servieren. Ich schüttete also beherzt einen Schwung Wasser hinein und gab die Pilze in zwei tiefe Teller.

«Ist ja sehr süß von dir, dass du dir so viel Mühe gemacht hast», sagte Raul, während er zögerlich zum Löffel griff, «aber für mich hätte auch ein Wurstbrot gereicht.» Bildete ich es mir nur ein, oder sah er mich auffordernd an?

«Ein Wurstbrot?»

Raul zuckte die Schultern, als sei das weiter nichts Besonderes, wenn man an seinem Geburtstag mit einer jungen Frau zu Abend aß, und ließ den Löffel wieder sinken, ohne die Suppe auch nur probiert zu haben.

Ein Wurstbrot also. Ich machte mich auf den Weg in die Küche, wobei ich mich bemühte, die Fassung zu bewahren. Das lief ja wunderbar. Erst stand ich den ganzen Tag am Herd, und dann servierte ich Wurstbrote, und zwar *auf Vorschlag des Gastes*! Im Kühlschrank fand ich tatsächlich noch Mett, und Brot hatte Philipp Gott sei Dank auf dem Markt gekauft. Ich trug beides ins Esszimmer, wo Raul unter meinen unglücklichen Blicken in Windeseile unser Mett verschlang und sich dann zurücklehnte.

«Möchtest du noch Schokoladentorte?», fragte ich kleinlaut und fühlte mich dabei, als biete ich ihm lauwarmes Affenhirn an.

Raul verneinte. Dann lief er mit den Worten: «Bin gleich zurück!» zu seinem Auto und kam kurz darauf mit einer eisgekühlten Flasche Champagner wieder hoch.

Mit dem festen Vorsatz, mich später aus dem Fenster zu stürzen, trug ich die vollen Suppenteller zurück in die Küche. Dann riss ich mich zusammen, goss zwei Gläser voll und reichte ihm eines.

«Auf dein neues Lebensjahr!»

«Auf unsere gemeinsame Zeit!» Raul nahm einen tiefen Schluck, dann stellte er unvermutet sein Glas ab, nahm mir meines aus der Hand und mich in den Arm. Genau genommen presste er mich an sich und sein Bein zwischen meine Oberschenkel, sodass ich fühlen konnte, was als Nächstes anstand.

Ich nahm mir vor, ihm das nächste Mal gleich an der Tür eine Ladung Mett in den Mund zu schieben, denn mit dieser aphrodisierenden Wirkung der Wurstbrote hatte ich beim besten Willen nicht gerechnet. Wenn ich das geahnt hätte, wäre ich heute Morgen einfach zum Metzger gelaufen und hätte mir dann einen schönen Tag gemacht. Nun ja!

Wie damals im Taxi kapitulierte ich, sobald er begann, mich zu küssen. Eigentlich schon davor, während ich mir *ausmalte*, wie es wäre, wenn er mich küssen würde. Es ist ja so, dass man einen Kuss umso schöner findet, je genauer man sich vorher mit ihm auseinander gesetzt hat. Oder je länger man auf ihn gewartet hat. Da ich auf einen Kuss von einem begehrenswerten Mann wie Raul quasi mein ganzes Leben lang gewartet hatte, nur ohne es zu wissen, fand ich ihn also ganz und gar wunderbar. Wenn es nach mir gegangen wäre, hätten wir uns den ganzen Abend lang küssen können, aber spätestens als Raul meine Hand nahm und mich in mein Zimmer und auf mein Bett zog, schwenkte ich um. Es war an der Zeit, alle verpassten Gelegenheiten der vergangenen zehn Jahre nachzuholen.

Das musste an den Hormonen liegen. Ich steuerte schließlich seit meinem dreißigsten Geburtstag vor einigen Monaten unaufhaltsam auf die vierzig zu, und danach würden quasi über Nacht die Wechseljahre einsetzen, und dann würde ich hektische rote Flecken auf den Wangen und unvermutete Schweißausbrüche in den unmöglichsten Situationen und bestimmt keinen jungen und attraktiven Mann mehr in mein Bett bekommen. Ich musste das Leben genießen, solange ich noch konnte, das war nur vernünftig.

Raul schien ähnliche Gedanken zu haben, jedenfalls entwickelte er in Windeseile meine Wickelbluse und schob mir den Rock über die Hüften. Dann schälte er sich aus seiner Jeans und flüsterte mir zu:

«Ich habe mein Handy gar nicht erst mitgenommen. Wir können uns also Zeit lassen.»

Dann begann er, sich von einer erogenen Zone zur nächsten vorzuarbeiten, und spätestens als er seine Zunge präzise wie den Sekundenzeiger einer Bahnhofsuhr um meinen Bauchnabel kreisen ließ, kam mir der Verdacht, dass dies ein festgelegtes Repertoire war, in dessen Genuss vor mir nicht nur die Tigerlili gekommen war. Was nichts daran änderte, dass Rauls Einsatz Wirkung zeigte. Eine halbe Stunde später war ich so erregt, dass ich ihm mit letzter Kraft ein Kondom aufdrängte, bevor ich alles um mich herum vergaß. Ich kam erst wieder zu mir, als Raul sagte:

«Mensch, schon halb eins. Ich muss dann mal.»

Damit erhob er sich, schlüpfte in seine Kleider und stand kurze Zeit später mit seinem Autoschlüssel in der Hand neben meinem Bett.

Ungläubig zwang ich mich, in die Gegenwart zurückzukehren, indem ich mich aufrichtete und darauf achtete, meine nackte Brust mit dem Betttuch zu bedecken.

«Du willst schon nach Hause?», fragte ich sicherheitshalber nach. Er nickte. «Muss morgen früh raus. Hab eine Probe.»

Ich nickte auch, weil ich einfach nicht wusste, was ich sagen sollte. Wie reagiert man, wenn man einem Mann gerade noch völlig hemmungslos «Oh, ja, ja, ich komme, jaaaa!» zugerufen hat und derselbe Typ einem zwei Minuten später im Tonfall eines Stationsarztes nahe legt, dass man das Bett jetzt verlassen könne, weil alles bestens sei?

Ich beschloss, einfach liegen zu bleiben. Schon allein, weil ich mich nicht vor seinen Augen anziehen wollte, und ihn nackt zur Tür zu begleiten kam nicht infrage. Es ist eine Sache, im Liegen und im Stadium zunehmender Erregung langsam seine Kleidung abzulegen. Sich danach aber voreinander zu stellen und womöglich im kalten Licht einer Flurlampe in Augenschein zu nehmen – das sollte man meiner Meinung nach erst dann tun, wenn man entweder fünfzig Tage und Nächte im Fitness-Studio verbracht hat oder aber sich sicher ist, dass der andere auch Gefallen an den dazugehörigen «inneren Werten» gefunden hat.

Bei Raul war ich mir noch nicht ganz sicher.

«Ja, dann …», sagte er.

«Ja, dann bis demnächst mal.» Ich bemühte mich um einen beiläufigen Tonfall und tat so, als müsste ich gähnen.

Raul nickte mir noch einmal zu und verschwand. Während ich ihm nachblickte, erinnerte ich mich an unser erstes Treffen, wo er ebenfalls so plötzlich verschwunden war. Ratlos wickelte ich die Decke fester um mich und überlegte, was ich nun tun sollte. Schlafen schied aus, dazu war ich zu aufgewühlt. Also stand ich auf und schlich im Bademantel wieder ins Esszimmer. Alles sah noch so aus, als wäre Raul nur eben zur Toilette gegangen und käme gleich zurück, um die Torte mit mir zu essen.

Die Torte! Das war eine gute Idee. Das würde mich aufheitern. Ich schnitt mir ein großes Stück ab, kochte Kaffee und ließ mich damit auf meinen Platz neben den roten Rosen sinken.

Ich blickte geradewegs auf Rauls immer noch eingepacktes Geburtstagsgeschenk.

Halb eins. Eigentlich ist sein Geburtstag ja jetzt vorbei, Charlotte. Ich schob mir noch ein großes Stück Torte in den Mund, dann packte ich das Paket, trat auf den Balkon und schmiss es mit aller Kraft hinunter.

Es landete direkt neben Philipp, der gerade dabei war, sein Rad abzuschließen. Er blickte hoch, und ich winkte ihm verlegen zu.

«Na, schon zurück?»

Philipp zeigte mir einen Vogel und verschwand im Hausflur. Kurze Zeit später standen wir uns im Licht der kalten Flurlampe gegenüber. Er in Jeans und Jacke, ich in meinem rosaroten Frotteebademantel.

Na prima. Das lief ja heute Abend wie am Schnürchen. Irgendwie hatte ich das Gefühl, er müsse mir ansehen, was passiert war, und das trug nicht gerade dazu bei, meine Laune zu heben. Wenn sich schon mein neuer Liebhaber drei Minuten nach dem ersten Sex verabschiedet hatte, musste das mein neuer Mitbewohner nicht unbedingt mitbekommen.

«War das eine künstlerische Aktion, oder wieso wirfst du mitten in der Nacht mit Paketen um dich?» Philipp machte keinerlei Anstalten, in seinem Zimmer zu verschwinden. Stattdessen lief er ins Esszimmer, ohne meine Antwort abzuwarten, setzte sich auf Rauls Platz und schnitt sich ein Stück Torte ab.

Ich setzte mich ihm gegenüber und goss mir noch einen Schluck Champagner ein.

«Hab gerade angefangen, ein bisschen aufzuräumen.»

Er nickte. «Und das Ding passte einfach nicht in den Mülleimer, oder wie?»

«So ähnlich.»

«Schmeckt übrigens toll», sagte er und deutete auf die Torte.

Ich lächelte. «Danke.»

«Und, hattest du einen netten Abend?»

«Phantastisch.» Ich finde nichts schöner, als nach dem Sex meine Ruhe zu haben.

«Und selbst?», fragte ich.

«Ach ja, wie immer. Kann man vermutlich nicht vergleichen mit einem romantischen Essen bei Kerzenschein und so weiter.» Nach einem bedeutsamen Blick auf die Rosen sah er mich abwartend an, doch ich hatte nicht vor, mich bei ihm auszuheulen. Das würde ich nachher schön allein in meinem Bett tun. Ich spürte, wie sich schon mal ein dicker Kloß in meinem Hals bildete. Dass ich aber auch immer an die falschen Männer geraten musste! Warum konnte Raul jetzt nicht neben mir liegen und mir erzählen, wie er sich als kleiner Junge im Sandkasten behauptet hatte oder wie er das erste Mal verliebt gewesen war?

«Alles in Ordnung, Charlotte?», fragte Philipp.

Ich nickte, blickte aber vorsichtshalber nicht hoch. Ob Raul wohl anrufen würde, wenn er zu Hause war?

«Na, dann wünsche ich noch einen schönen Restabend.» Philipp erhob sich und blickte auf mich hinunter.

«Gleichfalls.» Kam es mir nur so vor, oder wollte er noch etwas sagen? Er zögerte noch einen Moment, drehte sich aber dann wortlos um und ging. Ich wartete, bis er in seinem Zimmer verschwunden war, goss den restlichen Champagner in mein Glas und machte mich auf den Weg ins Bett.

Acht In den folgenden Tagen stürzte ich mich voll und ganz in die Arbeit, schon um sicherzustellen, dass ich Raul nicht anrufen würde. Die Hausmänner, die sich per Annonce beworben hatten, hatten offensichtlich am Wochenende Gelegenheit gefunden, ihre Anrufbeantworter abzuhören, jedenfalls klingelte am Montag ununterbrochen das Telefon, und ich vereinbarte innerhalb von zwei Stunden sechs Termine. Davon abgesehen verbrachte ich abends so viel Zeit wie möglich damit, Philipp bei der Hausarbeit zu beobachten, wobei wir uns stets angeregt unterhielten, sodass ihm die Situation vermutlich ganz natürlich vorkam. Am nächsten Morgen in der Redaktion machte ich mich dann daran, meine Beobachtungen niederzuschreiben, und am Ende der Woche war der Text so gut wie fertig. Ich hatte Philipp als einen attraktiven, selbstbewussten Kerl dargestellt, der den Haushalt mit viel Pragmatik und wenig Leidenschaft quasi mit links neben seinem eigentlichen Job in der Galerie erledigte und bei Bedarf (siehe Schweinebraten) zu wahren Höchstleistungen auflaufen konnte. Dabei hatte ich mich bemüht zu betonen, dass all dies für ihn eine Selbstverständlichkeit war und er selbst sich gar nicht über dieses für einen Mann ungewöhnliche Talent definierte.

Ich war sehr zufrieden mit meiner Arbeit und schickte Hammerstein den Text am Freitagmittag per Attachment zu.

Keine zwei Minuten später zitierte er mich in sein Büro.

Beunruhigt machte ich mich auf den Weg, und als ich ihm gegenübersaß, wusste ich, dass mich mein Gefühl nicht getäuscht hatte.

«Frau Lange, das kann ja wohl nicht Ihr Ernst sein.» Hammerstein war außer sich, und je mehr er sich ereiferte, umso sicherer war ich mir, dass nicht fachliche, sondern persönliche Motive hinter seinem Ärger steckten. Er bemängelte nicht Stil oder Inhalt des Artikels, sondern einzig und allein die Tatsache, dass ausgerechnet «ein Mann wie dieser Herr Kurz» Gegenstand der Betrachtung war. Philipp sei nicht erfolgreich genug, zu jung, zu gewöhnlich und kein «In»-Typ. Während Hammerstein schimpfte und wetterte, versuchte ich unauffällig, nochmals einen Blick auf jenes Foto zu werfen, das auf seinem Schreibtisch stand, doch er hatte es verrückt, sodass ich es von meiner Position aus nicht mehr sehen konnte. Nach zehn Minuten war Hammerstein fertig und ich ebenfalls. Er verlangte, dass ich innerhalb von fünf Tagen einen neuen Text liefern sollte, und schickte mich dann grimmig zurück an die Arbeit.

Für Samstagabend hatte ich das erste Treffen mit Hausmann Nummer zwei angesetzt – jenem Graphikdesigner, der sich selbst als Perfektionisten beschrieben hatte, der sich nur in einer perfekt gestylten und in Ordnung gehaltenen Wohnung wohl fühle. Ich hatte ein beigefarbenes Kostüm angezogen und eine dicke Schicht Make-up aufgetragen, um die ästhetisch verwöhnte Netzhaut des Designers so wenig wie möglich durch natürliche Reize zu irritieren, und um kurz vor acht ein Taxi gerufen.

Arndt Bergholz wohnte im Westend, wie ich nach einem Blick auf den Stadtplan herausgefunden hatte, aber erst, als der Fahrer hielt, bemerkte ich, dass er im selben Haus lebte wie Raul. Aha. Nun würde ich also wenigstens mal in den Hausflur jener Wohnung treten, in die ich schon zweimal eingeladen worden war, ohne sie je zu Gesicht zu bekommen. In dem Haus wohnten sechs Parteien, wobei die Schilder «Bergholz» und «Seeler/Roßmann» einander direkt gegenüberlagen, und zwar im dritten Stock.

Mit vor Nervosität eiskalten Fingern klingelte ich bei «Bergholz», und kurz darauf wurde der Türöffner betätigt. Ich trat in einen mit Mosaiken ausgelegten Hausflur und lief dann eine mit einem roten Teppich bespannte Holztreppe hinauf. Ganz oben stand ein etwa vierzig Jahre alter Typ in schwarzer Designerkleidung in seiner geöffneten Wohnungstür.

«Guten Abend. Sie sind also die junge Frau, die einen im Beruf und im Haushalt erfolgreichen Mann kennen lernen möchte», sagte er mit süffisantem Unterton, wobei sein Blick zuerst meine Brüste und dann meine Augen fand. Ich nickte und stellte mich vor. Er bat mich herein, und ich trat in einen riesigen Raum, der direkt in den Himmel überzugehen schien. Nahezu alle Wände (bis auf die tragenden) waren herausgerissen und das Dach großflächig durch Fenster ersetzt worden. Wir befanden uns im Wohn- und Esszimmer, in dessen einer Ecke sich hinter einer Bar die Küche befand. Der gesamte Boden war mit teurem Parkett ausgelegt, das auf Hochglanz poliert war, sodass man sich beinahe darin spiegeln konnte, und es gab nur wenige, aber auffällige Möbel: eine Chaiselongue aus schwarzem Leder und Edelstahl, eine moderne cremefarbene Sitzecke und ein schwarzes Regal für Stereoanlage und Fernseher. Bücher sah ich nirgends, auch keine herumliegenden Zeitungen oder sonstige Beweise dafür, dass die Wohnung bewohnt war. Sie war so aufgeräumt, dass man sich fast nicht traute, sie zu benutzen.

Arndt Bergholz setzte sich in einen der cremefarbenen Sessel und bedeutete mir, ebenfalls Platz zu nehmen.

«Das ist ein sehr schönes Haus, in dem Sie wohnen», eröffnete ich das Gespräch. Ich konnte ihn ja unmöglich als Erstes fragen, welches Putzmittel er für seinen Parkettfußboden benutzte, und außerdem würde er mir vielleicht zufällig etwas über Raul und seinen Mitbewohner erzählen und mir nebenbei etwas zu trinken anbieten.

«Ich habe es vor einigen Jahren von meiner Großmutter geerbt», sagte er einsilbig und machte keinerlei Anstalten, sich zu erheben.

Ich schluckte. Mein Gott, der Typ musste ja in Geld schwimmen. Und so einer putzte seine Wohnung selbst? Hammerstein würde begeistert sein. Ein echter Glücksgriff. Ich gratulierte mir zu meinem guten Riecher und überlegte, wie ich am besten herausfinden könnte, was er über seine Mieter im dritten Stock wusste.

«Muss ganz schön viel Verwaltungsarbeit sein, bei sechs Parteien», sagte ich aufs Geratewohl.

Er nickte, schien aber kein Interesse daran zu haben, das Thema zu vertiefen. Stattdessen fragte er:

«Soll ich Sie erst mal durch die Wohnung führen, damit Sie sich einen Überblick verschaffen können?»

Ich nickte. Dann ließ ich mir brav das ganz in weißem Marmor gehaltene Bad, das Schlafzimmer mit den nachtblauen, schweren Seidenvorhängen und dem Wasserbett und die wie aus einem Hochglanzprospekt ausgeschnittene Einbauküche zeigen. Alles war makellos und steril und hatte den Charme eines «Schöner Wohnen»-Katalogs.

«Und das halten Sie alles selbst in Ordnung, neben Ihrer Arbeit im Büro?», fragte ich, nachdem wir uns wieder gesetzt hatten.

Arndt Bergholz sah mich fragend an.

«Sie putzen und bügeln, wischen Staub und polieren die Chromarganarbeitsplatte in Ihrer Einbauküche, Sie halten das Treppenhaus sauber und waschen Ihre Wäsche selbst?»

«Aber ja. Und ich wechsele sogar eigenhändig die Bettwäsche, wenn ich Damenbesuch erwarte.» Er taxierte wieder meine Brüste und lachte.

Ich rang mir ebenfalls ein Lächeln ab, obwohl ich die Bemerkung reichlich deplatziert fand.

«Na, na, nur nicht so steif. Sie werden doch einen Scherz vertragen?» Er rückte auf seinem Sessel ganz nach vorn, sodass er nur noch eine Armlänge von mir entfernt saß, und sah mich abschätzend an.

«Was soll das heißen?» Ich rückte so weit wie möglich zurück.

«Süße, du bist doch nicht wirklich hergekommen, weil du dich mit mir über meine Fähigkeiten als Hausmann unterhalten willst, oder? Euch Frauen interessiert doch in Wirklichkeit viel mehr, ob wir im Bett unseren Mann stehen!» Er legte eine Hand auf mein Knie.

«Nehmen Sie Ihre Finger weg», sagte ich, wobei ich mich um einen festen und bestimmten Tonfall bemühte. Es soll ja in solchen Situationen hilfreich sein, keine Angst zu zeigen, weil das die Männer abtörnt, aber in Wirklichkeit hätte ich am liebsten hysterisch losgekreischt. Ich stellte mir bereits vor, wie er mich packen, ins Schlafzimmer zerren und mir die Kleider vom Leib reißen würde.

«Komm, komm, nur keine falsche Scheu.» Seine Hand wanderte von meinem Knie zu meinem Oberschenkel, während er sich mit der anderen den Hemdkragen öffnete.

Das war zu viel. Ich würde mich nicht dazu hergeben, sein Designerbett mit meinem gepeelten und geluffahandschuhten Luxuskörper zu verschönern. Stattdessen griff ich zu einer kleinen bronzenen Statue mit nackten Brüsten, die sich auf einem Beistelltischchen räkelte, und rammte sie ihm vors Schienbein. Während er sich vor Schmerz krümmte, rannte ich zur Tür und die Treppe hinunter Richtung Ausgang.

Nachdem ich zwei Blocks gelaufen war, fiel mir ein, dass ich meine Handtasche mitsamt Geld und Hausschlüssel auf der Couch hatte liegen lassen.

So viel zum Thema Geistesgegenwart in Stresssituationen. Mist! Wie kam ich nun an meine Sachen? Zurückzugehen schied aus, denn ich musste damit rechnen, dass Bergholz genau dort weitermachen würde, wo ich ihn unterbrochen hatte. Ich überlegte. Ich konnte die Polizei rufen. Oder ich konnte zurückgehen, bei Raul klingeln und ihn bitten, für mich hinüberzugehen und die Sachen zurückzufordern.

Nach drei Sekunden hatte ich – ganz sparsame Staatsbürgerin – entschieden, nicht so viel Aufhebens um die Sache zu machen und den kleinen Dienstweg zu wählen. Also lief ich zurück, klingelte bei Seeler/Roßmann und lief abermals die Treppe hoch in den dritten Stock.

Durch die geöffnete Wohnungstür gegenüber von Arndt Berg-holz' Wohnung sah mich die wieder auferstandene Greta Garbo an.

Verwirrt und vom schnellen Treppensteigen noch außer Atem, keuchte ich: «Guten Abend, ich bin Charlotte Lange, ist Raul da?»

Die Garbo musterte mich eingehend, ohne jedoch eine Miene zu verziehen oder mich hereinzubitten, drehte sich dann um und rief: «Raul, Besuch für dich!»

In diesem Augenblick wünschte ich mir nichts sehnlicher, als eine Flasche Red Bull hinunterzukippen und mit meinen frisch gewachsenen kleinen Koffeinflügeln flatternd das Weite zu su-chen. Stattdessen blieb ich mit offenem Mund vor der halb ge-öffneten Wohnungstür stehen und versuchte, nicht ohnmächtig zu werden. Für solche Anlässe haben Anna und ich ein Spezial-programm entwickelt, das darin besteht, die Situation so weit es eben geht ins Lächerliche zu ziehen. In diesem Fall versuchte ich mir vorzustellen, wie die Göttliche mit Magen-Darm-Grippe auf der Toilette saß und gleichzeitig in die Badewanne erbrach. Leider gelang mir das nur höchst unzureichend, weil sie so ap-petitlich wirkte, als besäße sie noch nicht einmal eine Speise-röhre, geschweige denn etwas so Konkretes wie einen in Auf-ruhr geratenen Dickdarm.

Als ich kurz davor war, aufgrund einer akuten Magenkolik selbst eine Toilette aufsuchen zu müssen, erschien Raul neben der Schönen im Türrahmen. Ich versuchte mir einzureden, dass er erfreut lächelte, als er mich sah, aber in Wirklichkeit bemüh-te er sich wohl eher, eine nervöse Zuckung unter Kontrolle zu halten.

«Charlotte, was für eine Überraschung», sagte er.

Ich nickte lahm. «Ja, nicht wahr?»

Dann sahen mich zwei Augenpaare abwartend an.

Ich versuchte, mich zu erinnern, warum ich hergekommen war, und als es mir wieder einfiel, brachte ich vor Aufregung nur ein wirres Gestammel zustande: «Also, es ist nämlich so, dass dein Vermieter, also von gegenüber der, dass der noch meine Tasche hat, und du musst unbedingt rübergehen und sie rausholen, weil sonst fasst er mich bestimmt wieder an oder Schlimmeres.» Die beiden Augenpaare musterten mich immer noch, allerdings durch einen deutlich kleineren Türspalt hindurch. Ich hörte, wie Greta Raul fragte: «Ist das auch eins von deinen Groupies?» Raul erwiderte irgendetwas, und sie zog sich widerwillig ins Innere der Wohnung zurück. Daraufhin trat er zu mir in den Hausflur, wobei er die Wohnungstür fast ganz hinter sich zuzog, und flüsterte: «Was um Gottes willen tust du hier, Charlotte? Ich bin gerade mitten in einer Besprechung mit meiner Agentin.»

«Agentin, ja?», erwiderte ich frostig. Ich war zwar etwas durcheinander, aber dass die Garbo alles andere als eine geschäftliche Beziehung zu ihm hatte, schien mir eine ausgemachte Sache.

«Charlotte, bitte, lass mich dir später alles erklären!» Raul schien zu fürchten, dass ich ihm gleich eine Szene machen würde, und tätschelte beruhigend meine Schulter.

«Wann später? Wenn du das nächste Mal reinschaust, um ein bisschen Sex zu haben?» Das konnte er sich abschminken. Schließlich konnte ich eins und eins zusammenzählen, und ich war nicht länger bereit, wie eine dumme kleine Maus alle seine Lügen zu glauben. Wütend starrte ich ihn an.

Er trat nervös von einem Fuß auf den anderen und zog die Tür noch etwas weiter zu.

«Hör zu. Ich schlage vor, du gehst jetzt schön nach Hause, und ich rufe dich morgen an und wir reden über alles.»

«Das brauchen wir nicht, für mich ist die Sache klar. Ich bitte dich lediglich, bei deinem Vermieter zu klingeln und meine Handtasche zurückzufordern. Er war auf dem besten Wege, mich zu vergewaltigen, als ich ihn gerade interviewt habe, und ich möchte ungern selbst nochmal in seine Wohnung gehen», sagte ich in meinem «Professionelle Journalistin»-Tonfall, den ich dadurch zustande bringe, dass ich mich stark auf meine Atmung konzentriere und meine Stimme dadurch tiefer klingen lasse, als sie normalerweise ist.

Raul sah mich verwirrt an: «Du meinst, du hast Arndt Bergholz interviewt? Für die Serie über Hausmänner?»

Ich nickte düster.

«Da hättest du mich vorher besser mal gefragt. Der Typ kann sich noch nicht mal ein Ei braten. Der hat nicht nur eine Putzfrau, sondern auch eine, die wäscht und bügelt, eine andere zum Fensterputzen, und einmal in der Woche kommt ein Lieferwagen von ‹Klötzers Feinkostservice› und bringt das Essen für die kommenden Tage vorbei. Vermutlich putzt er sich noch nicht einmal den Hintern selber ab.»

Täuschte ich mich oder schwang da eine gehörige Portion Neid mit in der Stimme von Raul-dem-besten-aller-Hausmänner?

Ich zuckte mit den Schultern. «Das ist jetzt sowieso egal. Habe nicht vor, auch nur eine Zeile über ihn zu schreiben.»

«Und du meinst, ich soll jetzt klingeln und ihn bitten, mir deine Tasche zu geben?»

Ich nickte wieder.

Raul seufzte. «Aber nur, weil du es bist. Am besten, du wartest unten.» Er deutete auf die Treppe.

Gehorsam verzog ich mich eine Etage tiefer und hockte mich auf den Treppenabsatz. Das Nächste, was ich hörte, war, dass sich die Haustür von Bergholz öffnete und die beiden sich begrüßten. Sie schienen sich besser zu kennen, denn Bergholz war keineswegs überrascht über Rauls Besuch und erkundigte sich nach dessen letztem Auftritt. Nachdem die beiden eine Zeit lang gequatscht hatten, sagte Raul schließlich:

«Ach Arndt, da ist noch was, um das ich dich bitten wollte. Eine Bekannte von mir hat hier neulich wohl ihre Handtasche liegen lassen, und sie hat im Moment keine Zeit, selbst vorbeizukommen, deshalb hat sie mich gebeten, ihr die Tasche vorbeizubringen. Hast du sie zufällig griffbereit?»

Ich traute meinen Ohren kaum. Eine Bekannte? Neulich? Und wie leicht die Worte Raul über die Lippen gingen. Als ob er tatsächlich glaubte, was er da erzählte. Ich war fassungslos. Das Ganze hörte sich an, als sei ich ein fahriges Huhn, das zu blöd sei, seine Tasche bei sich zu behalten.

«Ach ja», sagte Bergholz und lachte, «ich hab schon überlegt, ob ich ihr die Tasche zuschicken soll, aber so ist es ja viel einfacher.»

Dann war es einen Moment lang still, und schließlich hörte ich, wie Raul sich bedankte und die Tür geschlossen wurde.

Na toll. Ich fühlte mich, als hätte mich Raul auf sein Schlagzeug gebunden und drei Stunden lang auf mich eingedroschen. So viel zum Thema «Sex verbindet». Statt Bergholz Rache anzudrohen, war er zu Kreuze gekrochen und hatte es so dargestellt, als sei ich diejenige gewesen, die seinem Vermieter Unannehmlichkeiten bereitet hätte. Ich erhob mich und wollte die Treppe wieder hinaufgehen, um meine Tasche in Empfang zu nehmen, doch da kam mir Raul schon entgegen.

«Bitte.» Er reichte sie mir, als befänden sich Anthraxsporen darin, und trat dann schnell einen Schritt zurück.

«Danke.» So ähnlich muss zu Zeiten des Kalten Krieges der Austausch der Agenten auf der Glienicker Brücke in Berlin vor sich gegangen sein. Ich dachte daran, wie er mir mit seiner Zunge den Bahnhofsuhrzeiger gemacht hatte, und spürte, wie sich ein Kloß in meinem Hals bildete. Ob Raul sich darüber klar war, dass wir uns nie wieder sehen würden? Dass mir ein langer, kalter, einsamer Winter bevorstand? Dass ich wochenlang versuchen würde, mir nicht vorzustellen, wie er den Bauchnabel der Garbo umkreiste? Jeder Blick auf die Uhr würde mich fortan an ihn erinnern, ausgenommen Digitaluhren. Jede rote Rose. Jeder Gang in mein Zimmer und jedes Mettbrötchen. Das war das Schlimmste, die Sache mit den Mettbrötchen. Philipp hatte mich am Morgen nach Rauls Geburtstag gefragt, wo das Mett geblieben sei. Ich hatte ihn eine Schrecksekunde lang ange-

starrt, aus Angst, er habe die Wahrheit erraten, und dann erklärt, ich hätte damit eine Gesichtspackung gemacht – um die
Haut rund um meine Augen mit tierischen Proteinen anzurei-
chern. Daraufhin hatte er vorgeschlagen, ich könne ja auch
noch die Haut an meinen Oberschenkeln mit den übrig geblie-
benen Zwiebelringen belegen und den Bauch mit etwas Torte,
und seitdem überlegte ich, ob er einfach nur witzig sein wollte
oder ob er tatsächlich Röntgenaugen hatte und im Licht der
Flurlampe durch meinen rosafarbenen Bademantel hindurch einen Blick auf meine Schwangerschaftsstreifen geworfen hatte.
Raul hatte inzwischen die erste Treppenstufe erklommen und
wartete anscheinend darauf, dass ich mich verabschiedete. Jedenfalls machte er keine Anstalten, noch irgendetwas zu sagen,
geschweige denn, mich zu bitten, ihm und seiner «Agentin»
noch Gesellschaft zu leisten.
«Tja, dann …», sagte ich.
«Tja, dann telefonieren wir.»
Ich nickte und drehte mich um, und dann hörte ich, wie er
schnell die Treppe wieder hochstieg und die Wohnungstür ins
Schloss zog, an der die Garbo bestimmt die ganze Zeit gelauscht
hatte.
Ich ging zu Fuß zur nächsten U-Bahn-Station, und als ich eine
halbe Stunde später zu Hause eintraf, hatte ich genug Zeit gehabt, mir darüber klar zu werden, dass ich seit diesem Abend
drei ernsthafte Probleme hatte:

1. In meinem gesamten Lebensumfeld befand sich kein einziger
   Mann, der als potenzieller Partner infrage kam, und Anna
   war zu weit weg, um daran etwas zu ändern.
2. Ich hatte noch sechs Tage Zeit, um einen im Beruf und im
   Haushalt erfolgreichen jungen Mann zu porträtieren, aber
   noch keinen entsprechenden Interviewtermin.
3. Aus Annas Zimmer drangen seltsame Geräusche.

Während ich meine Jacke an den Garderobenständer hängte, überlegte ich, ob

a) Philipp sich mit Hammerstein vergnügte;
b) er eine Frau bei sich hatte oder
c) ich unter akustischen Halluzinationen litt, so in der Art wie Verdurstende in der Wüste Oasen vor sich sehen, nur dass es sich bei mir nicht um Wasser- sondern um Beischlafmangel handelte.

Nachdem ich weitere dreißig Sekunden an Annas Zimmertür gelauscht hatte, entschied ich mich für Variante b).

Seltsamerweise fand ich das noch schlimmer, als wenn es Variante a) gewesen wäre. Es bedeutete, dass alle Männer in meinem Leben, selbst mein *Hausmann*, eine funktionierende und zukunftsträchtige Beziehung hatten – nur ich nicht. Das ist das Schlimmste, wenn man keinen Partner hat: wenn alle anderen einen haben. Ich fühle mich nicht nur vollkommen unattraktiv und geistig, moralisch und seelisch unzulänglich, wenn ich mir meine Situation in solchen Momenten bewusst mache, sondern auch unfähig, etwas daran zu ändern. Dabei weiß ich, dass das blöd ist. Aber trotzdem.

Ich drückte mein Ohr noch etwas fester gegen die Tür, um herauszufinden, ob das Gestöhne von Philipp stammte oder von seiner Partnerin, und war gerade zu dem Ergebnis gekommen, dass Philipp vermutlich nicht sonderlich erregt war, weil die Laute eindeutig «ihr» zuzuordnen waren, als sich plötzlich die Tür öffnete und Philipp ganz und gar angezogen mit einer leeren Flasche Mineralwasser heraustrat. Das Gestöhne ging weiter, als liege er immer noch eng umschlungen auf Annas Bett, und ich bemühte mich entgeistert, die Balance zu halten.

«Schon zurück?», fragte er lächelnd, als sei es das Normalste von der Welt, dass seine Mitbewohnerin sich an seiner Zimmertür die Ohren platt drückte.

Ich nickte und versuchte mir einzureden, dass mein Gesicht nicht vor Scham leuchtete wie eine Tomate. Immer locker bleiben, Charlotte. Also wählte ich einen beiläufigen Tonfall und fragte: «Und was treibst du so?»

«Ach, ich höre mir ein Hörspiel an, zu dem wir in der Galerie demnächst eine interaktive Ausstellung eröffnen wollen. Ziemlich albern, wenn du mich fragst.»

«Ein Hörspiel?»

«Möchtest du dich dazusetzen und mithören? Ich hol nur schnell eine Flasche Wein aus der Küche.» Er verschwand.

Langsam entspannte ich mich. Ein Hörspiel! Er hatte gearbeitet, sozusagen. Ich fühlte mich gleich erheblich besser. Wenigstens war ich nicht die Einzige, die an einem Samstagabend nichts vorhatte.

Die beiden Hörspiel-Protagonisten waren inzwischen dazu übergegangen, sich zu gestehen, wie sehr sie einander liebten, und zwar in etwa 54 verschiedenen Sprachen. Sie waren gerade bei Indogermanisch oder etwas Ähnlichem angelangt, und ich überlegte, ob Raul und Greta sich wohl in diesem Moment ebensolche Schwüre zuflüsterten, als Philipp mit einer Flasche und zwei Gläsern zurückkam. Er setzte sich neben mich auf den Teppich und goss uns ein.

«Wie kommt's, dass du an einem Samstagabend schon so früh zu Hause auftauchst?»

Weil das einzige Wesen, das sich für mich interessiert, mein verdurstender Ficus benjamina ist. Weil es theoretisch sein könnte, dass Raul anruft und die Garbo mit zugeklebtem Mund in die Besenkammer gesperrt hat und noch vorbeikommen will. Weil ich es schon so gewöhnt bin, in meine Matratze zu heulen, dass sie mir geradezu fehlen würde, wenn ich an einem Samstagabend etwas anderes täte. Weil niemand da draußen auf mich wartet.

«Bin irgendwie erschöpft. Hatte eine anstrengende Woche.»

«Und ein anstrengendes Wochenende, die ganze Kocherei und

so.» Er schien wirklich wissen zu wollen, was an Rauls Geburtstag vor sich gegangen war, aber das würde ich ihm nicht sagen, sonst landete die ganze Geschichte womöglich noch brühwarm bei Hammerstein.

«Und du, warum gehst du heute nicht aus? Genügt dir ein virtueller Beischlaf?»

Philipp sah mich amüsiert an. «Hast du eine bessere Idee?»

«Wir könnten die Flasche austrinken, dann noch eine zweite öffnen und gemeinsam versuchen zu vergessen, dass wir beide heute keine Verabredung haben.»

«So schlimm?»

Einen kurzen Moment lang war ich versucht, ihm die ganze Geschichte zu erzählen. Doch dann riss ich mich zusammen. Er war schließlich mein Hausmann und kein Kummerkasten, und ich hatte keine Lust darauf, in Zukunft jedes Mal mit mitleidigen Blicken bedacht zu werden, wenn ich die Wohnung betrat.

«Quatsch. Bin wohl nur etwas erschöpft. Hatte die ganze Woche ziemlich viel um die Ohren.»

«Jaja, dieser Freizeitstress …» Philipp sah mich viel sagend an, und ich fragte mich, was zum Teufel er damit meinte, denn von Freizeitstress konnte bei mir ungefähr so viel die Rede sein wie bei einer Heuschrecke, die sich in den Winterschlaf zurückgezogen hat.

Ich nahm noch einen Schluck Wein und befand, dass nun endlich die Gelegenheit gekommen war, herauszufinden, ob er nun mit Hammerstein zusammen war oder nicht.

«Kennst du eigentlich viele Leute in Frankfurt?» (Entspannte Einführung in das Thema «Beziehungen».)

Philipp überlegte. «Eigentlich nicht. Wahrscheinlich nicht halb so viele wie du. Wobei ich auch keine größeren Anstrengungen unternommen habe, jemanden kennen zu lernen. Ich finde, entweder ergibt sich so was zufällig, oder eben nicht. Aber eine Kontaktanzeige aufzugeben oder so was, würde mir nicht einfallen.»

Na, da hatten wir ja schon mal eines gemeinsam, wenn man einmal von Annas und Julius' Aktion absah.

«Und was sind das für Leute, die du zufällig kennen gelernt hast?» (Vielleicht den Chefredakteur einer Frauenzeitschrift, unter anderem?)

«Ach, ein paar Studenten aus der Mensa, dann ein paar Kollegen aus der Galerie, einige Künstler von irgendwelchen Ausstellungen … das war's eigentlich schon.»

Ich fragte mich, ob er nie jemanden mit nach Hause brachte, weil er tatsächlich schwul war und nicht wollte, dass ich das mitkriegte, aber dann fiel mir ein, dass ich schließlich – bis auf Raul – auch niemanden eingeladen hatte, seit er hier wohnte.

«Und wie sieht es aus mit, ähm, also mit älteren … hm, mit älteren Leuten?»

Philipp sah mich irritiert an, und ich ärgerte mich, dass ich mich nicht einfach traute, ihn zu fragen, ob er mit Hammerstein zusammen war. War ja kein Weltuntergang, so was.

«Mit älteren Leuten? Was meinst du denn damit? Also, ich habe nicht vor, demnächst einem Seniorenclub beizutreten, falls dich das beruhigt.»

Entnervt ließ ich das Thema fallen. An meiner Interviewtechnik musste ich noch arbeiten, das stand fest. Ich fragte ihn also noch etwas über die Galerie aus, damit er auf andere Gedanken kam, und verabschiedete mich dann möglichst schnell ins Bett. Sollte er doch denken, dass ich die langweiligste Mitbewohnerin war, die er in seinem ganzen Leben gehabt hatte. War wahrscheinlich sogar richtig, aber immerhin hatte ich eine Entschuldigung: akuten Liebeskummer, und zwar genau genommen, seit ich Raul zum ersten Mal gesehen und das Gespräch der Tigerlili mit angehört hatte.

Charlotte, das kann so nicht weitergehen. Während ich ins Bett stieg und versuchte, nicht daran zu denken, dass ich dort vor einer Woche noch mit Raul gelegen hatte, verabschiedete ich folgendes Notprogramm:

1. Ich würde ihn vergessen.
2. Ich würde nicht monatelang mit geröteten Augen und aufgequollenen Tränensäcken durch die Gegend laufen und in der Redaktion alle dreißig Minuten die Toilette aufsuchen, um mich auszuheulen.
3. Ich war eine moderne Frau, und als solche würde ich innerhalb der nächsten sieben Tage eine Verabredung mit einem vorzeigbaren und nicht auf den Mund gefallenen Ersatzmann treffen.
4. Ich würde mit dem Ersatzmann NICHT ins Bett gehen, weil ich mir meiner Verantwortung ihm gegenüber bewusst wäre. Ich würde ihm vielmehr sagen, dass ich im Moment wegen völlig unangebrachter gefühlsmäßiger Fixierung auf seinen Vorgänger noch nicht in der Lage sei, eine ernsthafte Beziehung zu einem Mann einzugehen.
5. Er wird das verstehen, und wir werden wunderbaren Sex haben.

Neun

Als ich am Montagmorgen meinen Rechner anwarf, wurde ich von einer dieser dringenden Mails auf meinem Bildschirm begrüßt, die sich von selbst auf das Desktop schieben, ob man möchte oder nicht. Sie war von Sascha und sehr kurz: «Muss dich unbedingt sprechen, um zwölf bei Costas?»

Wahrscheinlich ging es um Stephano, und ich lechzte geradezu danach, Recht zu bekommen und von ihr zu hören, dass er immer noch zu viel After-Shave benutzte und keineswegs so toll war, wie immer alle behaupteten. Also mailte ich zurück: «Kann es gar nicht erwarten, die neuesten Nachrichten über Sexy-Stephano zu hören. Bis dann.»

Dann machte ich mich daran, den zweiten Hausmann auf meiner Liste anzurufen – den Maschinenbauingenieur, der angeblich jedes Wochenende fünfgängige Menüs zubereitete – und verlegte unsere Verabredung auf den nächsten Abend vor. Dabei versuchte ich, zwischen den Zeilen herauszuhören, ob mir bei ihm Ähnliches blühen würde wie bei Arndt Bergholz. Aber auf meine Frage, ob er allein lebe, beruhigte er mich. Er habe zwei Mitbewohnerinnen, und ich solle «Hunger mitbringen». Der Ausspruch ließ mich unwillkürlich an selbst gemachte Speckknödel und Sauerkraut denken, garniert von zwei hübschen Würstchen mit Senf. Das hatte meine Tante immer zubereitet, wenn ich als Kind die Sommerferien bei ihr am Ammersee verbrachte, und wenn ich abends erschöpft vom Spielen in die Küche gekommen war, hatte sie jedes Mal gefragt, ob ich «Hunger mitgebracht» hätte, und mir anschließend Teller mit riesigen Portionen selbst gemachter Spezialitäten serviert, die es nördlich des Mains eigentlich nur als Fertiggerichte gibt.

Ein Mann, zu dem man Hunger mitbringen sollte, war ganz sicher harmlos. Ich beschloss, den ganzen Dienstag über nichts zu essen, bis vielleicht auf zwei Buttercroissants. Es würde vermutlich etwas wirklich Gutes geben, keine Mettbrötchen und Pilzsuppe, und ich bekam schon im Vorfeld größte Hochachtung vor Tim Mendels – so hieß er – und genügend Appetit, um mich Punkt zwölf bei Costas einzufinden.

Sascha war schon da und winkte aufgeregt.

«Hat er um deine Hand angehalten?», fragte ich, während ich mich setzte.

Sie zeigte mir einen Vogel und nahm noch eine von den Oliven, die Costas ihr schon mal gebracht hatte.

«Ich brauche deinen Beistand», erklärte sie theatralisch.

«Hat er wieder keinen hochgekriegt?»

«Quatsch. Das heißt, kann ich nicht beurteilen. Er hat mich seitdem nicht mehr zu sich nach Hause eingeladen, sondern nur in der Mittagspause einmal kurz getroffen. Aber ich weiß, dass er mich betrügt.»

«Dich betrügt? Dazu hätte ja wohl erst mal was zwischen euch laufen müssen.»

«Nicht unbedingt. Schließlich zählt auch die emotionale Ebene, und so gesehen sind wir ein Paar.» Sascha ließ sich nicht beirren.

«Wenn du meinst. Aber bist du sicher, dass Stephano das genauso sieht?» Ich konnte mir irgendwie schlecht vorstellen, dass er sich eine rein platonische Beziehung gewünscht hatte.

«Darum geht es ja. Ich muss ihn beschatten, um herauszufinden, ob er generell Probleme im Bett hat oder ob er nur bei mir so schlaff ist.»

Ich sagte vorsichtshalber gar nichts und sah Sascha abwartend an.

«Und du musst mir dabei helfen. Ich weiß nämlich, dass er heute Abend Besuch bekommt, von einer Frau. Habe ein bisschen in seinem Terminkalender gestöbert, als er während des Lunchs mal kurz austreten musste», fügte sie erklärend hinzu.

«Und was kann ich für dich tun?» Für mich hörte sich das Ganze eher nach einem zweitklassigen Detektivfilm an als nach einer aufregenden Montagabendbeschäftigung.

«Du musst mich begleiten, wenn ich mir Gewissheit verschaffe. Allein traue ich mich nicht.»

«Was traust du dich nicht?»

«Ich will heute Abend mit dem Zweitschlüssel in seine Wohnung gehen und schauen, was er so macht mit seinem Besuch.» Sascha sah mir direkt in die Augen.

«Das ist Hausfriedensbruch.»

«Aber aus gutem Grund», konterte Sascha.

«Das wird der Staatsanwalt anders sehen.»

«Charlotte, bitte», Sascha schaute mich flehend an, «du brauchst dich auch nur in die Wohnungstür zu stellen, die Schwelle nicht zu überschreiten, sozusagen als rein moralischer Beistand …»

Das Wort «moralisch» erschien mir zwar an dieser Stelle unpassend, aber nachdem Sascha mir großzügig das Auberginenmus überlassen und mich noch ein wenig bearbeitet hatte, stimmte ich schließlich zu. Wir verabredeten uns für 23 Uhr vor Saschas Haustür und hasteten dann zurück in die Redaktion.

Um kurz vor elf fand ich mich, in einen dunklen Trenchcoat gehüllt, vor Stephanos Haus ein. Es war ein neues Mehrfamilienhaus in Sachsenhausen, und wie Sascha mir beschrieben hatte, bewohnte er das oberste Stockwerk. Ich äugte hinauf, um zu sehen, ob er zu Hause war, und stellte fest, dass Licht brannte.

Na gut, Charlotte, dann wirst du heute Abend anscheinend deinen ersten Einsatz als Sonderermittlerin in Sachen Penetrationsfähigkeit haben. Meine kleinen grauen Zellen hüpften aufgeregt hin und her.

Kurze Zeit später erschien Sascha, bewaffnet mit einer Taschenlampe, und erläuterte mir flüsternd ihren Plan.

«Wir klingeln irgendwo, so lange, bis jemand den Türöffner drückt, und laufen dann hinein. Für oben haben wir ja den

Schlüssel. Dann öffne ich vorsichtig die Tür, peile die Lage, und wenn ich weiß, in welchem Zimmer sie sind, entscheide ich, was wir weiter tun.»

Ich nickte. Eines stand fest: Sascha war wild entschlossen, die Sache durchzuziehen. Ich spürte ein Pochen in meinem linken Backenzahn – dem mit der Füllung in Form einer reifen Birne. Das war ein untrügliches Zeichen dafür, dass ich nervös wurde. Sascha hingegen marschierte zielsicher zur Haustür, drückte auf einige Klingelschilder und zog mich wenig später durch die geöffnete Tür ins Treppenhaus.

«Immer noch erstaunlich, wie vertrauensselig manche Leute sind», sagte sie, «ich würde um elf Uhr abends nicht mehr auf den Türöffner drücken, wenn ich nicht wüsste, wer draußen steht.»

«Vielleicht haben die Betreffenden sich ja verabredet und erwarten jemanden?»

Sascha zuckte die Schultern, schwenkte aber in Richtung Fahrstuhl und drückte auf die oberste Etage. Wir glitten empor, und als die Kabinentüren sich öffneten, traten wir in einen mit Marmor gefliesten Flur, von dem nur eine einzige Tür abging: Stephanos Wohnungstür.

«Also, am besten, wir sorgen dafür, dass der Fahrstuhl hier auf uns wartet, sodass wir im Notfall schnell rauskommen», sagte Sascha und klemmte geistesgegenwärtig ihren Mantel zwischen die sich schließenden Lifttüren. Dann kramte sie in ihrer Hosentasche und förderte Stephanos Wohnungsschlüssel zutage.

«Bist du ganz sicher, dass du das tun willst?», wagte ich einen letzten Vorstoß. Ich sah uns bereits in Handschellen auf dem Polizeipräsidium oder ersatzweise im Gerichtssaal, angeklagt wegen unzulässiger Überprüfung der sexuellen Leistungsfähigkeit eines erfolgreichen Art-Directors.

Statt mir zu antworten, legte Sascha den Finger auf die Lippen und steckte den Schlüssel ins Schloss. Dann öffnete sie die Tür einen Spaltbreit und lauschte. Ich lauschte auch. Außer meinem Atem, der stoßweise ging, hörte ich leise Musik.

Sascha drehte sich zu mir um und flüsterte: «Wir kommen pünktlich. Sie sind schon im Schlafzimmer.»

Ich nickte nur möglichst cool und beobachtete, wie Sascha sich langsam in Richtung der besagten Tür vorarbeitete und sich dann in bester Einbrechermanier mit dem Rücken zur Wand aufstellte. Die Tür war halb offen, und dahinter war es dämmrig. Nachdem sie einige Minuten so ausgeharrt hatte, bedeutete Sascha mir, herüberzukommen.

Charlotte, das wirst du nicht tun, wisperte es in meinem Kleinhirn.

Charlotte, das wirst du dir doch nicht entgehen lassen, konterte das Großhirn.

Ich setzte mich in Bewegung und stellte mich an die andere Seite der Schlafzimmertür, ebenfalls mit dem Rücken zur Wand. Sascha blickte mich viel sagend an und formte mit dem Mund irgendwelche tonlosen Worte, aus denen ich nicht klug wurde. Aber was ich hörte, war ohnehin interessant genug.

«… dich begehrt seit dem Tag, an dem ich dich zum ersten Mal gesehen habe», sagte eine männliche Stimme, die Stephano gehören musste.

«Ich dich auch. Ich habe deine Arbeit schon immer bewundert, und dich dann zu sehen, war für mich eine Offenbarung.» Die Gute schien schon einiges getankt zu haben, denn sie sprach verdammt undeutlich.

«Ach, Amanda. Ich bin es doch, der sich Nacht für Nacht gewünscht hat, an deiner Seite zu liegen. Keine Frau habe ich seitdem mehr angerührt.»

Sascha nickte grimmig, wobei sie die Zähne so stark zusammenbiss, dass ihre Unterkiefer hervortraten. Ich warf einen mitfühlenden Blick in ihre Richtung, doch sie konzentrierte sich schon wieder ganz auf das Geflüster im Schlafzimmer.

«Wie stark du bist», hauchte Amanda nun.

«Bei deinem Anblick würde *er* sich sogar noch erheben, wenn ich vom Hals abwärts in einem Streckverband stecken würde», gab Stephano zurück.

Sascha zuckte zusammen und drückte sich noch enger an die Wand.

«Ich will dich. Jetzt!», flüsterte Amanda.

«Bist du ganz sicher?»

Statt zu antworten, stöhnte sie.

Doch Stephano war noch nicht so weit. «Und dieser Musiker, mit dem du zusammenwohnst, was ist mit dem?»

Ich wurde hellhörig. Musiker? Meinte der etwa Raul?

«Nichts ist mit dem. Das ist eine rein platonische Beziehung. Eine WG, wenn du so willst. Er ist nicht mein Typ. Du bist mein Typ, Stephano.»

Das nächste, was ich hörte, war ein tiefer, kehliger Laut, der von Stephano zu stammen schien. Vermutlich wäre es jetzt ungefährlich, mal einen kurzen Blick auf die beiden zu werfen. Sascha hatte den gleichen Gedanken, denn sie rückte an der Wand entlang bis an die Türzarge und linste dann mit einem Auge in den Raum hinein. Ich tat es ihr nach, und das Erste, was ich sah, war Amandas Hintern, der hübsch und stramm wie ein Vollmond über dem Bett stand. Nach einigen Sekunden wurde mir klar, dass ihr Oberkörper zwischen Stephanos Beinen steckte, und ich zog den Kopf schnell wieder zurück. Das war wirklich sehr indiskret, was wir da taten. Aber inzwischen hatte ich Feuer gefangen, denn ich wollte nun aus rein persönlichen Gründen unbedingt einen Blick auf die Vorderseite von Amanda werfen. Auch Sascha hatte sich wieder zurückgezogen, schien aber ebenso wenig bereit, ihren Posten zu räumen. Sie hoffte wohl immer noch, dass Stephano in letzter Minute schlappmachen würde.

Nachdem wir uns einige Minuten lang an der Wand herumgedrückt hatten und mich die Geräusche immer mehr an Philipps Hörspiel erinnerten, beschloss ich, einen neuen Vorstoß zu unternehmen. Ich schob also meinen Kopf mutig wieder in Richtung Tür und linste mit einem Auge ins Schlafzimmer hinein. Das Erste, was ich sah, war, dass Stephano keine Erektionsprobleme hatte. Das Zweite war, dass Amanda tatsächlich Rauls Greta war. Das Dritte war, dass sie mich anblickte. Noch während ich zurückzuckte, begann sie zu schreien.

«Los, raus hier», rief ich Sascha zu, und dann stürzten wir zum Aufzug. Er war Gott sei Dank noch da, und die Türen schlossen sich erfreulich schnell. Sascha drückte auf «E», und keine dreißig Sekunden später rannten wir in Richtung U-Bahn.

Nachdem wir fünf Stationen gefahren waren, hatte sich mein Pulsschlag von Lichtgeschwindigkeit auf Formel-1-Niveau gesenkt, und ich fühlte mich in der Lage, etwas zu sagen.

Ich sagte: «Er hatte eine Erektion, mit der er einen Home Run hätte schlagen können.»

Sascha sagte gar nichts, und ich gratulierte mir zu meiner Feinfühligkeit.

«Hast du Lust, noch irgendwo was trinken zu gehen?», fragte ich zwei U-Bahn-Stationen später, als Sascha immer noch schwieg.

Sie schüttelte den Kopf. «Das würde nur in einem grandiosen Besäufnis enden. In einem Ich-will-Stephano-vergessen-Besäufnis. Und dafür ist mir mein Geld zu schade.»

Ich nickte. Mit Liebeskummer kannte ich mich schließlich aus. Also empfahl ich ihr, sich mit einem Becher heißer Schokolade und einem Kitschroman ins Bett zu legen, und stieg an der Hauptwache aus.

Zwanzig Minuten später war ich zu der Einsicht gelangt, dass ich Sascha im Augenblick sowieso nicht helfen konnte. Daher versuchte ich, den Abend nun unter einem anderen Gesichtspunkt zu betrachten: Während ich erschöpft unsere Wohnungstür aufschloss, ließ ich mir Amandas Worte noch einmal auf der Zunge zergehen: «Er ist nicht mein Typ – eine rein platonische Beziehung.» Das bedeutete: Raul und die Garbo waren kein Paar, sondern wohnten lediglich zusammen. Also hatte Raul in Bezug auf seine Beziehung zu Amanda die Wahrheit gesagt. Und vermutlich hatte er mir bloß aus Angst, ich würde ihm eine platonische Beziehung zu einer Mitbewohnerin nicht abnehmen, erzählt, er wohne mit einem Freund zusammen. Aber nun hatte ich die Informationen ja sozusagen aus erster Hand, nämlich von Amanda alias Greta selbst. Mit einem glücklichen Lächeln schmiegte ich mich auf meine Matratze, die mir zum ersten Mal seit Wochen nicht kalt und leer vorkam, und schlief kurze Zeit später ein.

Am nächsten Morgen sprang ich beim ersten Klingeln des Weckers aus dem Bett und flitzte zum Telefon. Dann kroch ich zurück unter meine Decke und wählte Rauls Nummer. Nach dem achten Klingeln, als ich gerade auflegen wollte, hob er ab.

«Raul? Guten Morgen. Hier ist Charlotte. Ich wollte mich bei dir entschuldigen. Ich hab dich doch nicht geweckt, oder?» Es war Viertel nach acht.

Raul schien zu überlegen, denn er sagte erst einmal gar nichts. Vermutlich *hatte* ich ihn geweckt, aber das war egal, denn das hier war wichtig. Sogar sehr wichtig.

«Es ist nämlich so, dass ich ein ganz dummes, eifersüchtiges Huhn bin und es total blöd von mir war, dir nicht zu glauben wegen deiner Agentin», fuhr ich munter fort. «Aber jetzt glaube ich dir.» Ich machte eine Pause, weil ich für ihn nun etwas in der Art vorgesehen hatte wie: «Gott sei Dank, Charlotte, ich bin so froh, dass du das sagst.» Stattdessen sagte er: «Wie kommt's?»

Doch auch darauf war ich vorbereitet: «Ich hab sie in der Stadt gesehen, mit ihrem Freund.»

«Mit ihrem Freund?»

Ich stutzte. Wusste er womöglich gar nichts von Stephano? Nun ja, ich wusste ja auch nicht, mit wem Philipp das Bett teilte, beruhigte ich mich.

«Na ja, ist ja auch egal, jedenfalls glaube ich dir nun, dass du nichts mit ihr hast, und deswegen wollte ich dich fragen, ob wir uns mal wieder treffen wollen», sagte ich hastig. Diese Frage hätte zwar eigentlich er stellen sollen, aber auch die besten Drehbücher werden schließlich am Set noch umgeschrieben, und vielleicht war dies einfach nicht seine Uhrzeit.

«Klar, können wir machen. Wann, sagtest du, hast du sie mit ihrem Freund gesehen?»

«Ooch, gestern Abend», sagte ich vage und ärgerte mich, dass ich das Thema überhaupt zur Sprache gebracht hatte.

«Und wo genau?»

Mist. War das etwa ein Verhör? Für einen Mitbewohner interessierte er sich für meinen Geschmack etwas zu sehr für den Freund seiner Mitbewohnerin.

«In einem Bettenfachgeschäft», sagte ich kühl, «und wann genau, sagtest du, wollen wir uns treffen?»

«Wir? Ach ja, also, wie wär's mit Donnerstag?»

Besonders enthusiastisch hört sich das ja nicht an, Charlotte. Ich zögerte. Das hatte ich mir anders vorgestellt. Irgendwie leidenschaftlicher. Aber dann fiel mir wieder ein, wie er sich an seinem Geburtstag von mir verabschiedet hatte. Er war wohl nicht so ein Romantiker. Ich durfte das nicht persönlich nehmen.

«Donnerstag, prima. Dann telefonieren wir vorher nochmal, ja?»

Raul stimmte zu und legte dann schnell auf. Ich überlegte. Folgende Gründe konnte es geben, dass er so kurz angebunden gewesen war:

1. Mein Anruf hatte ihn auf dem Gang zur Toilette erreicht.
2. Er war ein chronischer Morgenmuffel.
3. Er war eifersüchtig auf den Freund seiner Mitbewohnerin.
4. Er war immer noch sauer, dass ich ihm nicht geglaubt hatte.
5. Er wollte mich gar nicht treffen.

Unter der Dusche nahm ich mir vor, bis Donnerstag Punkt eins für zutreffend zu halten und dann in Ruhe alles mit Raul zu besprechen. Dann schlüpfte ich in Jeans und Blazer und machte mich gut gelaunt auf den Weg zur Arbeit.

Julius saß schon am Schreibtisch, als ich die Tür zu unserem Büro öffnete, und ausnahmsweise telefonierte er auch nicht mit einer seiner Freundinnen. Stattdessen begrüßte er mich mit den Worten: «Du wirst es nicht glauben, Charlotte.»

Ich sah ihn neugierig an und ließ mich auf meinen Stuhl plumpsen. «Was werde ich nicht glauben?»

Julius wedelte mit einem Foto: «Ich habe Hammerstein wieder gesehen, mit diesem Jüngling. Und diesmal habe ich die beiden fotografiert, beziehungsweise Marco hat sie fotografiert, weil wir gerade zusammen unterwegs waren.» Marco war ein freier Fotograf, mit dem unsere Redaktion zusammenarbeitete.

«Und? Zeig mal!» Mein Herz klopfte auf einmal zum Zerspringen, als hätte ich gerade die Goldmedaille im 100-Meter-Hürdenlauf gewonnen.

Julius schob mir die Vergrößerung herüber, und ich griff aufgeregt danach. Das Foto zeigte einen sehr entspannten Hammerstein in einem sehr modernen Café, das ich nicht kannte, wie er einen Cappuccino oder etwas in der Art trank. Ihm gegenüber saß ein gut aussehender junger Mann mit dunklen Locken und einem Sakko in dezentem Fischgrätenmuster und lachte ihn an: Philipp. Ich starrte. Und starrte. Und schwieg. Julius schwieg auch und starrte mich an.

«Und?», fragte er schließlich. «Ist das der Typ, dessen Foto auf Hammersteins Schreibtisch steht?»

Ich überlegte. War das wirklich Philipps Foto gewesen auf Hammersteins Schreibtisch? Und war das nicht irgendwie auch egal, wo ich nun dieses neue Foto in Händen hielt? Eines jedenfalls stand hiermit fest: Hammerstein und Philipp kannten sich, und zwar gut. Sie mochten sich. Aber waren sie deshalb gleich ein Paar?

«Was haben die beiden denn so getrieben in dem Café? Konntest du sie beobachten?», fragte ich zurück.

«Klar, den ganzen Abend. Sie haben sich unterhalten, gelacht, aber nicht Händchen gehalten oder so was. Aber man konnte schon den Eindruck bekommen, dass sie sehr intim miteinander sind. So von der ganzen Körperhaltung her. Nicht wie zwei Bekannte, sondern enger. Vertrauter auf jeden Fall.»

Und wenn schon, Charlotte, das kann dir doch egal sein, riefen meine kleinen grauen Zellen mich zur Ordnung.

Natürlich. Konnte mir total egal sein. Philipp war schließlich nur mein Hausmann, und was er in seiner Freizeit trieb, war seine Sache. Also ganz locker bleiben. Mit einer Miene, die besagen sollte, dass mich Hammersteins sexuelle Vorlieben ungefähr so stark beschäftigten wie der Stuhlgang des Kanarienvogels seiner nasenoperierten Sekretärin, schob ich das Foto wieder zurück auf Julius' Schreibtisch.

«Und, was ist jetzt? Steht der Knabe gerahmt in Hammersteins Büro oder nicht?», hakte Julius nach. Steckte wohl doch ein Ansatz von journalistischem Talent in ihm, sonst würde er nicht so insistieren. Ich beschloss, seinen Ehrgeiz zur Recherche nicht weiter anzuheizen, und erklärte:

«Kann ich beim besten Willen nicht sagen, ich hab das Foto ja nur einmal gesehen, und das ist auch schon eine ganze Weile her.» Dann schaltete ich meinen Computer ein und räumte geschäftig irgendwelche Unterlagen auf meinem Schreibtisch hin und her. Julius steckte das Foto enttäuscht in eine Schublade und griff zum Telefonhörer. «Um alles muss man sich selbst kümmern», nuschelte er, um gleich darauf zu säuseln: «Katharina, Liebste, bist du schon wach?»

Zehn

Als ich um kurz vor acht vor Tim Mendels' Haustür stand, war ich mir nicht sicher, ob ich mich nicht in der Adresse geirrt hatte. Ich blickte auf eine schwere, unbehandelte Eichentür, die statt einer Klingel nur einen gusseisernen Türklopfer aufzuweisen hatte. Sie gehörte zu einem uralten Fachwerkhaus, das in einer schmalen Gasse eines kleinen Örtchens im Taunus stand, und die Taxirechnung war so astronomisch hoch gewesen, dass ich meine Kreditkarte hatte zücken müssen. In den Fenstern hingen rot-weiß karierte Gardinen, die Luft roch erdig und frisch, und in Anbetracht dieser Idylle kam es mir albern vor, dass ich mich sicherheitshalber mit einer Dose Tränengas bewaffnet hatte.

Während ich mir die Schuhe auf einer Fußmatte in Form einer Maus abtrat und gleichzeitig den Türklopfer betätigte, überlegte ich, wie es sein musste, in so einem Haus zu wohnen. Ich hatte schon zu Beginn meines Studiums die Theorie entwickelt, dass Räume sich auf ihre Bewohner auswirken, und nicht etwa umgekehrt. Damals hatte ich hautnah miterlebt, wie ein befreundeter Kommilitone sich innerhalb eines Semesters vom Müsli essenden Freak in einen snobistischen Sakkoträger verwandelt hatte, nachdem er aus seiner Männer-WG in eine Art Penthousewohnung gezogen war, die er von seiner Tante geerbt hatte. Zugegeben, neben der Wohnung hatte sie ihm auch noch etwas Kleingeld vermacht, aber was mich wirklich zutiefst schockiert hatte, war, wie er von einem Tag auf den anderen seine aus alten Weinkisten zusammengestellten Regale und seine auf Paletten ruhende Schaumstoffmatratze an die Straße gestellt hatte, um sich dann im teuersten Möbelhaus der Stadt rundum neu einzudecken. Als ich ihn zum ersten Mal in seiner neuen Wohnung besuchte, hatte er mir Langustenschwänze und Champagner vorgesetzt, während ich zuvor mit erkalteten Pizzaresten aus der Schachtel hatte vorlieb nehmen müssen.

Noch bevor ich mir darüber klar werden konnte, was genau dieses Haus über den psychosozialen Werdegang und aktuellen Seelenzustand seiner Bewohner aussagte, wurde die Haustür aufgerissen. Vor mir stand ein großer blonder Mann in einem rot-weiß gestreiften T-Shirt und einer verwaschenen Cordhose. Seine nackten Füße steckten in hellblauen Badelatschen, die farblich exakt auf seine Augen abgestimmt zu sein schienen. Tim Mendels war zwar nicht im landläufigen Sinne attraktiv, hatte aber eine sehr starke Ausstrahlung, die aus einer Mischung von Selbstbewusstsein und Selbstgenügsamkeit zu bestehen schien. Er musterte mich interessiert von oben bis unten, und ich spürte, wie ich neugierig wurde.

«Bin ich hier richtig bei Tim Mendels?», fragte ich.

Er grinste und öffnete die Tür noch ein Stückchen weiter.

«Goldrichtig. Hast du Hunger mitgebracht?»

Ich trat in einen winzigen Flur aus breiten Holzdielen und schnupperte. Es roch nach Knoblauch und Zwiebeln und Olivenöl, und ich lächelte ihn an. «Hab ich. Bis auf zwei Croissants habe ich heute noch nichts zu mir genommen.»

«Na, dann immer mal reinspaziert.»

Er führte mich in einen großen Raum, dessen Boden ebenfalls aus Holzdielen bestand und der das Zentrum des Hauses zu sein schien. In einer Ecke befand sich eine aus den verschiedensten Einzelteilen zusammengewürfelte Küche, auf deren hölzerner Arbeitsplatte sich Töpfe und Pfannen stapelten und in deren Ofen eine große Form stand, deren Inhalt ohne Zweifel den schon im Flur wahrnehmbaren mediterranen Geruch verströmte. In der Mitte des Raumes stand ein großer Esstisch, an dem problemlos acht Personen Platz gefunden hätten, der aber lediglich für zwei gedeckt war. Am entgegengesetzten Ende schließlich befand sich ein niedriger Tisch, um den diverse Sessel und ein altes Sofa platziert waren, die zwar keineswegs zusammenpassten, aber gerade dadurch eine behagliche Zwanglosigkeit ausstrahlten. Der gesamte Raum war in ein warmes, indirektes Licht getaucht und wirkte so gemütlich, dass ich kurz davor war, aus meinen Pumps zu steigen und meinen Gastgeber zu fragen, ob er nicht ein Paar Hüttenschuhe für mich hätte.

«Möchtest du einen Aperitif?», unterbrach er meine Gedanken. Ich nickte, und er holte eine große Flasche Portwein und füllte zwei bauchige Gläser. Dann reichte er mir eines, blickte mir in die Augen und sagte:

«Ich finde, wir sollten darauf anstoßen, dass es noch Frauen gibt, die sich für bekennende Hausmänner interessieren.»

Ich musste lachen. «Das ist eine sehr eigenwillige Interpretation meiner Anzeige. Könnte ja auch sein, dass ich ein faules, egoistisches Luder bin, das einen gutmütigen Trottel sucht, der ihm die Pantoffeln hinterherträgt.»

«So wie es Millionen deutscher Hausfrauen jeden Tag für ihre Männer tun, ohne dass auch nur irgendjemand das bemerkenswert findet?»

Ich dachte nach. Aus diesem Blickwinkel hatte ich die Sache noch gar nie betrachtet. Aber es war tatsächlich so, dass das Wort «Hausmann» eine ganz andere Bedeutung hatte als das Wort «Hausfrau». Ein Hausmann war jemand, der aus Leidenschaft wunderbar kochte, seine Wohnung stilsicher mit erlesenen Accessoires dekorierte und bei jeder Gelegenheit eine erstklassige Flasche Wein kredenzte. Eine Hausfrau scheuerte auf Knien den Fußboden, schüttete Abflussfrei in verstopfte Toiletten und wischte Babykotze von Polstergarnituren. Selbstverständlich hatte sie keinerlei Aussicht auf einen bezahlten Job, während der Hausmann als Hausmann nur nebenberuflich tätig war.

Ich würde einen entsprechenden Absatz in meinen Artikel über Tim Mendels einbauen und fragte: «Haben dich deine beiden Mitbewohnerinnen für das Thema sensibilisiert, oder bist du schon als Feminist auf die Welt gekommen?»

«Also, Pussy und Cat haben damit nichts zu tun. Und wie ich auf die Welt gekommen bin, musst du schon meine Mutter fragen. Ich kann mich beim besten Willen nicht erinnern.»

Pussy und Cat? Ich tastete besorgt nach meinem Tränengas. Er nannte seine Mitbewohnerinnen Pussy und Cat? Das hörte sich verdammt nach einem weiteren sexuell gestörten Arschloch an. Ich wich einen Schritt zurück und stieß gegen einen hölzernen afrikanischen Fruchtbarkeitsgott, dessen riesiger, erigierter Phallus als Aufhänger für einige ungebügelte Hemden diente.

«Sind … Pussy und Cat denn heute Abend auch da?», fragte ich, während ich mich möglichst unauffällig in Richtung Flur zurückzog, indem ich vorgab, mich für die an den Wänden hängenden Landschaftsfotografien zu interessieren.

Er folgte mir: «Mal sehen.» Dann rief er die Treppe hinauf: «Pussy! Cat! Abendessen!»

Das Nächste, was ich sah, waren zwei Wollknäuel, die die Treppe hinunterflitzten und mit lautem Miau in die Küche stürzten. Erleichtert blickte ich ihn an.

Er grinste. «Keine Angst, ich bin weder pervers noch sonst wie gestört. Ich habe die beiden aufgenommen, weil mein Nachbar sie sonst ertränkt hätte. Seine Katze hat sich mit einem herumstreunenden Kater eingelassen, was er ihr bis heute nicht verziehen hat, und dabei sind Pussy und Cat entstanden.»

Er führte mich zurück ins Zimmer und bedeutete mir, mich zu setzen. Dann stellte er eine große Schüssel voll mit Salat auf den Tisch und legte ein Stück Parmesan samt Reibe daneben.

«Rucola mit Balsamico-Honig-Dressing», sagte er, während er mir gegenüber auf einem geflochtenen Stuhl Platz nahm und mein Glas mit Weißwein füllte. «Lass es dir schmecken.»

Das ließ ich mir nicht zweimal sagen, und während wir den Salat und anschließend Mozzarella mit Tomate und Basilikum, Hähnchen in Olivenöl, Tiramisu und zum Abschluss Cantucci mit Vin Santo verspeisten und uns dabei angeregt unterhielten, gelangte ich zu der Überzeugung, in Tim Mendels die Idealbesetzung für den ersten Teil meiner Serie gefunden zu haben. Er war witzig, schlagfertig, selbstbewusst, und was das Wichtigste war, er stellte seine Betätigung im Haushalt so anregend und unterhaltsam dar, dass man den Eindruck gewinnen konnte, es handelte sich dabei nicht um eine lästige Routinetätigkeit, sondern um eine an Abwechslung nicht zu überbietende Tätigkeit. Es würde mir ein Leichtes sein, einen spannenden Artikel über ihn zu schreiben, und Sascha würde es sicherlich gelingen, ihn so zu fotografieren, dass unsere Leserinnen sich die Lippen nach ihm lecken würden.

Genüsslich tauchte ich noch einen Cantucco in meinen Vin Santo und blickte ihn über mein Glas hinweg an, wobei ich überlegte, wann ich ihm am besten sagen sollte, dass ich Journalistin bin und vorhatte, einen Artikel über ihn zu schreiben.

«Denkst du darüber nach, dass du gerne noch einen Espresso hättest?», fragte er und lächelte mich an.

«Um Gottes willen. Sobald ich diesen Cantucco verspeist habe, werde ich eine fünfwöchige Fastenkur antreten. Aber das war ein wunderbares Menü. Vielen, vielen Dank, Tim.» Ich strahlte ihn an, und er errötete ein wenig.

«Och, gern geschehen. Hab ja nun wirklich nicht jeden Abend so angenehme Gesellschaft.» Nun wurde er sogar richtig rot, und ich blickte schnell woanders hin, um ihn nicht noch mehr in Verlegenheit zu bringen. Ich musste nun wirklich Klartext mit ihm reden, bevor er anfing, sich irgendwelche Hoffnungen zu machen.

«Tim», setzte ich an, aber er unterbrach mich.

«Charlotte, ich muss dich was fragen, aber versprich mir, dass du mir ehrlich antwortest.»

Da hatte ich es. Zu spät.

«Versprochen.» Ich blickte ihm in die Augen.

«Also.» Er zögerte. «Nachdem du mich das erste Mal angerufen hast, habe ich, statt mir die angegebene Nummer zu notieren, einfach die Rückruffunktion auf meinem Telefon gewählt. Und, also, da bin ich in der Redaktion so einer Frauenzeitschrift gelandet.» Er machte wieder eine Pause. «Und irgendwie kam mir das komisch vor, sodass ich mir den Namen notiert und da mal bei der Zentrale angerufen habe, um zu fragen, ob sie dich kennen.»

Nun war es an mir, zu erröten. «Und dann haben sie dir gesagt, dass ich dort arbeite?»

Er nickte, und ich biss schuldbewusst auf meiner Unterlippe herum.

«Warum hast du mich dann überhaupt eingeladen?»

«Weil ich neugierig war. Ich konnte mir das nicht erklären und dachte, vielleicht hast du ja nur ein Privatgespräch von der Arbeit aus geführt?»

Ich schwieg.

«Und, hast du?», hakte er nach.

«Nein. Das war kein Privatgespräch.» Gott, war das peinlich. «Ich arbeite an einer zehnteiligen Serie über Männer, die sowohl im Beruf als auch im Haushalt erfolgreich sind. Du bist der Erste, der vorgestellt werden soll. In der nächsten Ausgabe. Mit Fotos.»

Ängstlich blickte ich ihn an.

Tim lehnte sich zurück und fixierte einen Punkt oberhalb meines rechten Ohres. Ich konnte die alte Uhr an der Wand neben seinem Sofa ticken hören, so still war es. Schließlich sagte er: «Dann werde ich also berühmt, was?»

Erleichtert atmete ich aus. «Heißt das, dass du einverstanden bist?»

Er sah mich lange an und sagte dann: «Anders wäre es mir lieber gewesen. Aber wenn es nun mal so ist, wie es ist, kann ich es nicht ändern. Ich mache mit.»

«Danke.» Ich griff über den Tisch und drückte kurz seine Hand. Sie war trocken und warm, und ich fragte mich, warum der Funke, den er mir sozusagen herübergeblasen hatte, nicht überspringen wollte.

Später, auf der Rückbank des Taxis, das mich zurück nach Frankfurt brachte, musste ich an Liam denken. Liam war Engländer und Vertreter für Orangensaftkonzentrat. Ich hatte ihn in Heathrow kennen gelernt, während wir auf unser Flugzeug gewartet hatten, das sich irgendwo im Nebel über der Themse verirrt zu haben schien. Wir hatten uns fünf Stunden lang unterhalten, und nachdem wir endlich an Bord gegangen waren, hatte er mit meinem Sitznachbarn den Platz getauscht, und wir hatten uns eine weitere Stunde lang eine Menge zu sagen gehabt. In Frankfurt schließlich waren wir noch in eine Bar gegangen, und als ich mich gegen drei Uhr morgens vor meiner Haustür von ihm verabschiedet hatte, war ich mit dem nagenden Gefühl ins Bett gestiegen, einen großen Fehler gemacht und ihn nicht nach seiner Telefonnummer gefragt zu haben – und zwar nicht etwa deshalb, weil ich mich in ihn verliebt hatte, sondern weil es einfach zu schön gewesen wäre, wenn ich mich in ihn hätte verlieben *können*. Aber mit ihm war es wie mit all diesen netten, angenehmen und absolut schwiegermuttertauglichen jungen Männern gewesen, die ich kennen gelernt hatte, seit ich meine Haare nicht mehr oben auf dem Kopf scheitelte und links und rechts über den Ohren zu zwei Zöpfen zusammenband: Er machte mich nicht an.

Tim leider auch nicht, und ich konnte nicht einmal sagen, warum. Genauso wenig, wie ich hätte sagen können, was mich dazu trieb, Raul immer und immer wieder Dinge durchgehen zu lassen, die mich bei den meisten anderen Menschen dazu getrieben hätten, schreiend davonzulaufen. Denn eines war mir nach dem heutigen Abend klar: Er würde mich niemals so zuvorkommend und aufmerksam behandeln wie Tim, er würde nie für mich fünfgängige Menüs kochen und nie vor Verlegenheit erröten, wenn er mich anblickte. Raul war einer, der sich nahm, was er bekommen konnte, und sich verabschiedete, wenn er etwas Besseres an der Hand hatte.

Seufzend kuschelte ich mich ins Bett und wickelte die Decke so um meine Füße, dass sie ein kleines, warmes Nest bildete. Wenn ich mich in jemanden wie Tim verlieben könnte, müsste ich mir um solche Techniken keine Gedanken mehr machen, dann hätte ich immer jemanden, der mir bereitwillig seine warmen Füße herüberstrecken würde. Und noch ganz andere Körperteile, ohne sich danach hektisch zu verabschieden.

In meinem Kopf hatten die kleinen grauen Zellen begonnen, sich entlang einer Demarkationslinie zu formatieren. Da war die «Lebe wild und gefährlich»-Fraktion, die dafür plädierte, auch im neunzigsten Lebensjahr noch auf dem Drahtseil zu tanzen und immer demjenigen die Gunst zu erweisen, der meinen Bauch gerade am heftigsten zum Kribbeln brachte. Und da war die «Nestbau»-Fraktion, die besorgt auf mein fortgeschrittenes Alter verwies und mir riet, mich in einen fortpflanzungswilligen Heimwerker mit Bausparvertrag zu verlieben – selbst wenn der nur meine eingeschlafenen Füße zum Kribbeln bringen würde.

Und auf die paar Männer, die von beidem etwas hatten – die sexy und trotzdem alltagstauglich waren –, stürzten sich natürlich alle Frauen. Oder sie waren schwul. Ich musste an Philipp denken. Er war zweifelsfrei attraktiv, auf eine unauffällige und unaufdringliche Art, und ein angenehmer Mitbewohner sowieso. Aber er schien ungefähr so wenig Interesse an sexuellen Beziehungen mit Frauen zu haben wie ich. Seit er bei mir wohnte, hatte er keinen einzigen Anruf von irgendeiner Frau bekommen und sich mir gegenüber so korrekt verhalten wie ein tibetischer Mönch. Nicht dass mir das etwas ausgemacht hätte. Ich war schließlich in Raul verliebt. Aber trotzdem. Es war schade um ihn, so ganz im Allgemeinen.

Elf Am Donnerstag ging ich vorsichtshalber schon fertig vorbereitet für das Treffen mit Raul in die Redaktion. Er hatte sich zwar noch nicht wieder gemeldet, aber ich ging fest davon aus, dass er das im Laufe des Tages noch tun würde, und hatte daher am Abend vorher einen sündhaft teuren schwarzen Hosenanzug erstanden, in dem ich definitiv so aussah, als trüge ich Größe 36. Folgerichtig hatte Julius mich darum gebeten, mit ihm zu Mittag zu essen, und wir wollten uns gerade auf den Weg machen, als Raul anrief. Er schlug ein Treffen in einem indischen Restaurant vor, und ich versuchte, möglichst huldvoll zuzusagen, weil Julius jedes meiner Worte mit anhörte und gerade dabei zu sein schien, mich aus der Schublade «Langweilige Stubenhockerin mit brachliegenden Sozialkontakten» in die Schublade «Rattenscharfe Single-Frau» zu befördern. Da wollte ich ihn doch nicht aufhalten.

Bis zum Abend hatte ich die Komplimente von Julius und einigen anderen Kollegen in mich aufgesogen wie ein Schwamm und triefte nun sozusagen vor Selbstbewusstsein. Irgendwie war es eben doch etwas anderes, ob man zu Hause vor dem Spiegel stand und mit Hilfe wildester Verrenkungen versuchte, einen Blick auf seinen Hintern zu erhaschen, um sich davon zu überzeugen, dass er nicht zu dick war, oder ob man auf dem Weg zur Teeküche aus den Augenwinkeln beobachten konnte, wie jeder Mann unter sechzig, der einem entgegenkam, sich nochmal umdrehte, um sich davon zu überzeugen, dass man von hinten genauso sexy wie von vorn aussah. Manche Frauen mochten das sexistisch finden, ich fand es wunderbar. Gab es einen besseren Beweis dafür, dass man den Männern gefiel? Klar, wirkliches Selbstbewusstsein kam von innen, und ich musste mir selbst gefallen und so weiter. Aber mal ganz ehrlich: Hat es schon mal irgendeiner Frau irgendetwas geholfen, sich lediglich sclbst zu gefallen? Der Abgleich mit der Realität war in diesen Dingen zwingend notwendig, und ich hatte ihn erfolgreich vorgenommen.

Beschwingt betrat ich gegen Viertel nach acht den «Tandoori Palace» und hielt nach Raul Ausschau. Es war unser erstes gemeinsames Essen, wenn man einmal das missglückte Geburtstagsmenü außer Acht ließ, und der Rahmen erschien mir durchaus passend. Das Restaurant war in mehrere Nischen unterteilt, und die Tische standen so weit voneinander entfernt, dass man nicht flüstern musste, um unbelauscht zu bleiben. Die Beleuchtung war indirekt, und auf allen Tischen standen weiße Kerzen. Die Kellner trugen lange Schürzen, und aus unsichtbaren Lautsprechern drang leise indische Musik.

Sobald ich durch die Tür getreten war, eilte einer der Kellner auf mich zu, um mir den leichten Mantel abzunehmen, den ich in Erwartung meiner späten Heimkehr vorsichtshalber mitgenommen hatte. Ich nannte ihm Rauls Namen, in der Annahme, er werde mich zu dessen Tisch führen, doch stattdessen bedeutete er mir, einen Augenblick zu warten. Er eilte zu einem großen Buch und kam nach kurzer Zeit wieder zurück: «Herr Roßmann ist noch nicht eingetroffen. Aber wir haben einen Tisch für Sie reserviert. Möchten Sie noch an der Bar Platz nehmen, oder darf ich Sie schon dorthin führen?»

Enttäuscht ließ ich mich in den hinteren Teil des Raumes führen, wo ein Tisch am Fenster für zwei Personen hergerichtet war. Das war mal wieder typisch für Raul. Er schaffte es immer wieder, mir den Wind aus den Segeln zu nehmen. Aber diesmal würde ich mir nicht die Laune verderben lassen. Ich war erfolgreich, sah gut aus, hatte genügend Gesprächsstoff, um den Abend notfalls allein bestreiten zu können, und trug ein halbes Monatsgehalt am Leib. Ich würde mich amüsieren. Das hier würde ein toller Abend werden. Selbst wenn er mich eine halbe Stunde warten ließe.

Entschlossen bestellte ich eine Flasche Sekt und goss mir ein. Dann ließ ich meine Blicke schweifen. Die meisten Tische waren besetzt – mit Paaren, die sich angeregt unterhielten oder einander verliebt in die Augen blickten. Während ich mein Glas langsam leerte, versuchte ich mir vorzustellen, worüber sie sich unterhielten und was für eine Art Beziehung sie hatten. Da war ein älterer Mann mit einer jungen Frau, die seine Tochter hätte sein können, ein junges Paar, das aussah, als habe es monatelang gespart, um die Rechnung begleichen zu können, und ein Paar im mittleren Alter, bei dem ich den Eindruck nicht loswurde, dass der Mann die Frau nur deshalb ausführte, weil er mit ihr schlafen wollte. Er wirkte eine Spur zu ölig, zu berechnend in der Art, wie er sie ansah und ihre Hand nahm, und sie wirkte eine Spur zu unenthusiastisch, als stehe sie die ganze Zeit neben sich und amüsiere sich über den Typen.

Ich goss mir nochmals nach und blickte auf die Uhr. Schon halb neun. Das Restaurant füllte sich immer mehr, und jedes Mal, wenn sich die Tür öffnete, hoffte ich, es möge Raul sein, um dann umso enttäuschter zurückzuzucken, wenn es wieder ein neues Paar war. Ich war tatsächlich die einzige Person im ganzen Lokal, die ohne Begleitung dasaß.

Langsam begann ich, mich zu ärgern. Ich goss mein Glas nochmals voll und überlegte, was ich zu Raul sagen würde, wenn er endlich käme. Sollte ich ihm eine Szene machen? Oder ganz cool tun, mir aber aus Rache die teuersten Sachen bestellen und ihm nicht anbieten, die Hälfte der Rechnung zu übernehmen?

Charlotte, das ist lächerlich, flüsterten meine kleinen grauen Zellen. Du wirst ihm sagen, wie es wirklich ist: Dass du sauer bist, dass deine Freude auf diesen Abend verpufft ist und dass du dir zu schade bist, eine halbe Stunde auf jemanden zu warten.

Ich überlegte. Wie würde er reagieren, wenn ich das täte? Aber war das nicht eigentlich egal? Wieso sorgte ich mich darum, wie es *ihm* gehen würde, wenn *ich* doch diejenige war, die seit einer Ewigkeit auf ihn wartete?

Mir fiel auf einmal auf, dass dies nicht das erste Mal war, dass ich mich über ihn ärgerte. Wie ich mich gefühlt hatte, als seine «Cousine» mitten in der Nacht angerufen hatte und er wie ein geölter Blitz verschwunden war. Die Sache mit dem Radfahrer, seine hektische Verabschiedung an seinem Geburtstag, seine Lügen über seinen Mitbewohner, sein übertriebenes Interesse an Amandas «Freund», sein komisches Verhalten am Telefon … Ich hatte dies alles hingenommen, mich dankbar auf jede noch so abstruse Erklärung gestürzt, die sein Verhalten entschuldigen konnte. Warum eigentlich?

Ja, warum? Zweifellos war er der attraktivste Mann im ganzen Universum – aber darüber hinaus?

Meine kleinen grauen Zellen begannen, in ihren Schubladen zu wühlen und nach irgendwelchen Attributen zu suchen, mit denen sich Raul hätte schmücken können. Aber das einzige Adjektiv, das zu ihm zu passen schien, war «egoistisch».

Was war nur mit mir los? Ich ließ ja auf einmal kein gutes Haar mehr an ihm, nur weil er sich verspätete! War ich etwa dabei, ihn mit den Augen eines rationalen Menschen und nicht mehr mit denen eines hirnamputierten Singles zu betrachten? Ich würde doch nicht ernsthaft in Erwägung ziehen, mich auf die Seite der Bausparer zu schlagen? Oder doch? Hatten vielleicht in den letzten Tagen meine Eierstöcke SOS an mein Gehirn gefunkt, weil ihr Vorrat an Eizellen sich langsam, aber sicher seinem Ende zuneigte? Denn schließlich war es ja so, dass weibliche Embryos noch über Tausende von Eizellen verfügten, Neugeborene schon über deutlich weniger und erwachsene Frauen lediglich noch über einige hundert. Ganz zu schweigen von Dreißigjährigen wie mir. Die mussten sich wirklich ranhalten, um ihre paar Eier noch an den Mann bringen zu können. Hatte ich mal irgendwo gelesen.

Nun ja, und die Vorstellung, mit Raul ein Kind zu haben, begeisterte mich nicht wirklich. Nicht dass ich bei jedem Mann, mit dem ich schlief, darüber nachdachte.

Aber eigentlich doch.

Natürlich würde ich das Raul gegenüber nie zugeben, aber ich hatte mir sogar schon überlegt, wie sich das anhörte, Charlotte Roßmann. Hatte mir vorgestellt, wie es wäre, seine Eltern kennen zu lernen, und mir kleine Dialoge ausgemalt.

Frau Lange, wie schön, dass es endlich eine reizende junge Dame geschafft hat, unseren Raul zur Vernunft zu bringen, hatte ich seine Mutter sagen lassen. Sein Vater hatte großes Interesse an meinem Beruf und meiner Ausbildung gehabt, und beide waren rundum zufrieden mit der Wahl ihres einzigen Sohnes gewesen. Wir hatten in Weiß geheiratet, doch danach war meine Vorstellungskraft komischerweise verblasst. Alltag mit Raul – dazu war mir nichts eingefallen.

Nun – nach einer Dreiviertelstunde und drei Viertel der Sektflasche – hatte sich das geändert: Ich sah mich wartend in unserer gemeinsamen Wohnung, vor mir eine Batterie leerer Flaschen, hinter mir viele einsame, durchweinte Nächte. Ich sah mich dicker und dicker werden, schwammiger und wabbeliger, zuerst noch gegen Rauls Eskapaden wetternd, dann nur noch schweigend die Demütigung ertragend. Als ich gerade begonnen hatte, mir auszumalen, was auf meinem Grabstein stehen würde, und mir vorstellte, dass außer Anna und Sascha niemand zu meiner Beerdigung kommen würde, weil ich mich total von der Welt zurückgezogen hätte, stand plötzlich Raul vor mir.

«Charlotte, tut mir Leid! Ich habe im Stau gesteckt. Die ganze Stadt ist dicht. Weiß der Geier, wo die Leute alle hinwollen.» Er schmiss seine Lederjacke über eine Stuhllehne und setzte sich. «Du bist mir doch nicht böse?»

Ich schwieg. Auch das noch. Wenn ich eins nicht leiden konnte, dann waren das phantasielose Ausreden. Wenn einer schon zu spät kam, wollte ich wenigstens eine haarsträubende Geschichte als Entschuldigung hören, eine, an die man sich noch Jahre später lachend erinnern konnte. Die beste dieser Art hatte ein ehemaliger Studienkollege einem entsetzten Dozenten erzählt, nachdem er zu spät zu einer Klausur gekommen war. Er hatte vorgegeben, am Abend zuvor eine Party gefeiert zu haben, bei der so viel Kartoffelsalat in Mayonnaise übrig geblieben sei, dass er am nächsten Morgen nicht gewusst habe, wohin damit. Also habe er ihn in die Toilette geschüttet und hinunterspülen wollen. Doch habe der Salat die Toilette verstopft, sodass sich das Spülwasser über deren Rand ins gesamte Badezimmer ergossen habe. Weil aber der Badezimmerfußboden undicht gewesen sei, sei einiges von dem inzwischen mit Zwiebeln und Mayonnaise vermischten Spülwasser in die Wohnung unter der seinigen gedrungen und dort von der Decke direkt in das Bett der alten Dame getropft. Diese habe um die unchristliche Uhrzeit, zu der dies alles passiert sei, noch in demselben gelegen und daraufhin die Feuerwehr gerufen, die kurze Zeit später angerückt sei. Er habe dann die Gelegenheit genutzt und die Herren gebeten, sein eigenes Badezimmer auch gleich zu entwässern, was in der Summe zu seiner Verspätung von einer Stunde geführt habe. Und falls jemand nach der Klausur noch nichts vorhabe, könne er gerne vorbeischauen, um bei den weiteren Reinigungsarbeiten behilflich zu sein.

Raul schien mein Schweigen nicht weiter zu stören, denn er nahm sich das andere Sektglas und goss es voll.

«Du siehst toll aus, meine Liebe. Heute noch was Besonderes vor?»

«Ich wollte gerade einen der hübschen Kellner hier bitten, mich nach Hause zu bringen. Schau mal, der da drüben.» Ich deutete mit dem Kinn auf einen besonders gut aussehenden dunkelhäutigen jungen Mann, der gerade mit voll beladenem Tablett einen Tisch ansteuerte.

Raul musterte ihn kurz und griff dann nach meiner Hand. «Das musst du nicht. Ich übernehme das. Aber erst nach dem Essen.» Dabei schaute er mir wieder so in die Augen wie damals bei unserem ersten Treffen, als ich fast einen Notarzt gebraucht hätte. Doch diesmal reagierte lediglich der Ansatz von Hühnerauge auf meinem linken kleinen Zeh, den ich mir am Abend zuvor bei meinem Einkaufsbummel in meinen neuen hellblauen Pantoletten zugezogen hatte. Er fing schrecklich an zu jucken, sodass ich versucht war, mal eben abzutauchen und daran herumzukratzen. Doch Raul ließ meine Hand nicht los, sondern begann, meinen Unterarm zu küssen.

Ich beachtete ihn nicht weiter, sondern blätterte mit der anderen Hand in der Speisekarte.

«Hmmm, riecht gut.» Raul schnupperte an meinem Handgelenk, das ich am Morgen großzügig mit Eau de Toilette besprüht hatte. Er schien fest entschlossen, meine Reserviertheit nicht zur Kenntnis zu nehmen, und begann, mir von einem bevorstehenden Auftritt seiner Band in München zu erzählen.

«Charlotte, hörst du mir eigentlich zu?» Raul sah mich an.

Ich schüttelte den Kopf. «Nein. Ich war gerade in Gedanken.»

«Darf ich fragen, was es so Wichtiges gibt?»

Ich lehnte mich zurück und war mir auf einmal ganz sicher, das Richtige zu tun. «Klar. Weißt du, Raul, ich habe mir überlegt, dass du ein verlogener, cholerischer, unzuverlässiger und egoistischer Mistkerl bist und dass ich keine Lust mehr habe, mich länger von dir ausnutzen zu lassen.»

Dann stand ich auf und stolzierte Richtung Ausgang. Meinen Mantel würde ich ein andermal abholen, das würde jetzt uncool wirken. Da musste frau Prioritäten setzen, und die lagen im Moment eindeutig auf einem gelungenen Abgang.

Zwölf «Und dann hat er mir ein wenig Grüne Soße über die Kartoffeln geschüttet und mir dabei soooo in die Augen geschaut.» Sascha beugte sich über meinen Schreibtisch, bis sich ihre Augen etwa fünfzig Zentimeter vor meinen befanden, und fixierte mich.

«Und dann?», fragte ich gespannt.

Sie ließ sich zurück auf Julius' Stuhl fallen. «Dann nichts. Dann haben wir gegessen, und danach habe ich die Fotos gemacht.» Sie kramte in einer Mappe und zog einen dicken Stoß Abzüge heraus.

Ich war erleichtert. Wenn Tim Mendels sich Hals über Kopf auf sie gestürzt hätte, nachdem er mir noch kurz zuvor signalisiert hatte, dass ich ihm gefalle, hätte das ein schlechtes Licht auf ihn geworfen. Aber ein kleiner Flirt bei Pellkartoffeln mit Grüner Soße schien mir vertretbar. Ich entschied, ihr vorerst nichts von Tims Sympathiebekundung zu erzählen, um sie nicht zu verunsichern, und fragte:

«Und, seht ihr euch mal wieder?»

Sie nickte. «Nächste Woche. Ich habe ihm angeboten, ihm Abzüge von den Fotos zu geben, die für die Serie ausgewählt wurden.»

«Na wunderbar. Das hört sich doch viel versprechend an.»

Ich freute mich wirklich für Sascha und Tim, auch wenn noch nicht klar war, wie sich die Sache entwickeln würde. Aber immerhin hatten sie ein zweites Treffen vereinbart, was tendenziell mehr war, als ich im Augenblick vorzuweisen hatte.

Nachdem ich Raul beim Inder sitzen gelassen hatte, hatte ich mich voll darauf konzentriert, den Text über Tim fertig zu schreiben, und ihn auch, wie von Hammerstein gefordert, pünktlich abgeliefert. Hammerstein war begeistert und hat sich sogar für seinen Wutausbruch in der Woche zuvor entschuldigt, was mich in der Annahme bestärkt hat, dass er sich aus persönlichen Gründen so aufgeregt hat. Die entsprechende Ausgabe der «Annika» hat sich blendend verkauft, was nicht zuletzt an den Fotos lag, die Sascha gemacht hat und von denen eines Titelbild geworden ist. Darauf waren Tim, Pussy und Cat zu sehen, wie sie im Garten hinter seinem Haus einträchtig unter einem Apfelbaum lagen. Darunter stand: «Ménage à trois: Wie Männer Hausarbeit genießen».

Ich war zwar auch mit meiner Arbeit zufrieden, aber dafür, dass ich eine Titelgeschichte geschrieben hatte, war meine Stimmung seltsam gedämpft. In der Redaktion war es üblich, dass die Titelautoren nach der Veröffentlichung des Heftes Kuchen mitbrachten und eine kleine Feier organisierten, doch was mir normalerweise großen Spaß gemacht hätte, geriet diesmal zur Pflichtveranstaltung. Am liebsten hätte ich mich zu Hause verkrochen und niemanden gesprochen. Ich war voll und ganz darauf fixiert, mir Leid zu tun, und verbrachte die Abende, bewaffnet mit großen Chipstüten, vor dem Fernseher. Ich schaute alles, von der Vorabendserie über amerikanische Spielfilme, deutsche Komödien, Talk- und Quizsendungen, Tier- und Dokumentarfilme, Nachrichtensendungen und Musikvideos. Nach zwei Wochen hatte ich zwei Kilo zugenommen und im Sitzen eine Speckfalte auf dem Bauch.

Es war Mittwochabend, und ich saß gerade auf dem Sofa und öffnete die erste Erdnussdose des Abends, als Philipp hereinkam und sich neben mich setzte. Ich hatte seit Ewigkeiten kein vernünftiges Wort mit ihm gewechselt, weil ich es vorgezogen hatte, statt in der Küche vor dem Fernseher zu essen. Irritiert rückte ich ein Stück zur Seite und zog meine Socken hoch, damit meine unrasierten Schienbeine nicht herausguckten.

«Na, willst du dir heute mal einen gemütlichen Abend zu Hause machen?», fragte ich und ärgerte mich, noch während ich sprach, über meine Tonlage. Ich hörte mich an wie seine Mutter: vorwurfsvoll und gleichzeitig begierig zu erfahren, was er an den anderen Abenden gemacht hatte, an denen er, statt sich genau wie ich einzuigeln, in schöner Regelmäßigkeit nach dem Essen nochmal ausgegangen war.

Philipp nickte. «Das Fernsehprogramm scheint sich ja in den letzten zwei Wochen um 500 Prozent verbessert zu haben, so eifrig, wie du dich jeden Abend vor der Glotze einfindest.»

Ich schaute ihn aus den Augenwinkeln an, um herauszufinden, ob er sich über mich lustig machte, aber er griff konzentriert in seine Chipstüte und studierte eine Fernsehzeitschrift, die er sich offensichtlich gekauft hatte.

Ich war verwirrt. Philipp hatte sich, seit er hier wohnte, noch nie mehr als die Tagesschau angesehen – genau wie ich, bevor ich den Männern entsagt hatte und zur Einsiedlerin geworden war. Was zum Teufel hatte diesen plötzlichen Sinneswandel bei ihm herbeigeführt? Hatte Hammerstein ihn in die Wüste geschickt? Oder plante er eine interaktive Ausstellung über beziehungsunfähige Großstädterinnen und war auf der Suche nach dem passenden Prototyp?

«Was ist eigentlich aus der Ausstellung geworden, die du neulich so sorgfältig vorbereitet hast?», fragte ich, um nicht den Eindruck zu erwecken, ich sei völlig autistisch.

«Ach, du meinst die über Sex im 21. Jahrhundert? Die ist total gut angekommen. Wir mussten die Galerie abends bis 24 Uhr geöffnet lassen und haben in vier Wochen so viel Geld verdient wie im gesamten letzten Jahr.»

Ich erinnerte mich dunkel, dass Hammerstein von so einer Ausstellung berichtet und jemanden beauftragt hatte, eine Kritik darüber zu schreiben. Aber ich hatte mir nicht die Mühe gemacht, sie zu lesen.

«Gratuliere. Da kann man mal wieder sehen, wofür sich die Leute wirklich interessieren.» Ich schüttelte verächtlich den Kopf.

Philipp nahm sich eine Erdnuss aus meiner Dose: «Du scheinst das Thema ja weiträumig zu umschiffen in letzter Zeit.»

Weiträumig? In letzter Zeit? Ich merkte, wie mir die Schamesröte ins Gesicht kroch. Wie sollte ich das interpretieren? Wollte er damit andeuten, dass das vorher anders gewesen war? Oder dass er mich für eine hoffnungslose Couch Potatoe hielt, die in hundert Jahren keinen Mann mehr abkriegen würde? Womit er zweifelsfrei richtig läge.

«Wie kommst du denn darauf?», fragte ich schließlich.

Er zuckte die Schultern. «Na ja, du gehst nicht gerade viel aus. Und vor dem Fernseher lernt man bekanntlich wenig Leute kennen.»

Bildete ich mir das nur ein, oder schwang Mitleid in seiner Stimme mit?

«Mach dir um mich nur keine Sorgen, ich weiß mir schon zu helfen», sagte ich brüsk.

«Mache ich ja gar nicht. Im Gegenteil. Ich finde es ganz gut, dass du mal zur Ruhe kommst.»

Sprachlos starrte ich ihn an, während er seelenruhig zur Fernbedienung griff und den Fernseher ausschaltete. Dann wandte er sich mir zu und lächelte.

«Schon gut, Charlotte. Ich hatte nur den Eindruck, dass du eine recht hektische Zeit hinter dir hast, die nun zu Ende ist. Und dass du deswegen ziemlich in den Seilen hängst. Deswegen wollte ich dir anbieten, dass wir mal was zusammen unternehmen, damit du auf andere Gedanken kommst. Wir könnten zum Beispiel am Wochenende wegfahren, in den Schwarzwald oder so.»

Er nahm sich noch einen Chip und blätterte in der Fernsehzeitschrift, was ich dankbar zur Kenntnis nahm. Offensichtlich wollte er mir signalisieren, dass ich mir mit der Antwort Zeit lassen könnte. Und das würde ich. Ich hatte mal was über eine Theorie gelesen, die besagte, dass bei jeder Äußerung, die jemand machte, mindestens vier verschiedene Ebenen angesprochen wurden: die Sachebene, die Beziehungsebene, dann noch eine «Selbstoffenbarungsebene» und eine «Appellebene». So gesehen konnte man aus seinem Vorschlag vier verschiedene Dinge heraushören:

1. Er wollte mit mir in den Schwarzwald fahren.
2. Er glaubte, ohne sein Angebot würde ich auf der Couch Wurzeln schlagen und er müsste meine sterblichen Überreste spätestens in vier Wochen vom Polster kratzen, weil ich aufgrund übermäßigen Chipskonsums geplatzt wäre.
3. Dazu hatte er keine Lust, also beugte er vor und bot mir an, mit ihm wegzufahren, und zwar ausgerechnet in eine Gegend, die dafür bekannt war, dass dort alte Leute ihren Wanderurlaub verbrachten – vermutlich weil er glaubte, meinem Temperament damit am nächsten zu kommen.
4. Er appellierte an mich, mich nicht so gehen zu lassen.

Na prima. Ich würde es mir nicht leisten können, abzulehnen, weil zu befürchten war, dass sich sonst Punkt 2 bewahrheitete. Aber wenn ich zustimmte, würde ich die ganze Zeit Punkt 3 im Hinterkopf haben und völlig verkrampft sein. Außerdem stand zu befürchten, dass Hammerstein mitfuhr. Ich sah uns schon mitsamt unseren Wanderstiefeln an der Rezeption eines zweitklassigen Hotels einchecken, und der Rezeptionist würde fragen: Ein Doppelzimmer und ein Einzelzimmer? Und Hammerstein den Schlüssel für das Einzelzimmer geben, und heimlich, im Flur, würden er und ich dann die Schlüssel tauschen, sodass er es sich mit Philipp gemütlich machen könnte und ich mit kalten Füßen in ein kaltes Kämmerchen kriechen würde, wo ich das ganze Wochenende über, eine schlimme Influenza vortäuschend, den Tönen lauschen würde, die aus dem benachbarten Doppelzimmer drängten.
O nein. Nicht mit mir. Lieber würde ich dick und rund wie ein Fesselballon werden und, wenn ich es nicht mehr schaffen würde, über meinen dicken Bauch hinweg meine Schuhe zuzubinden, mir ein Paar Klotschen im Internet bestellen, als mit ihm und Hammerstein wegzufahren.
Ich überlegte gerade, wie ich am elegantesten absagen konnte, als er sagte: «Ich hab gestern schon mal ein Hotelzimmer reser-

viert, in Freiburg. Da könnten wir abends noch was unternehmen und müssten nicht mit den Hühnern ins Bett gehen.»

Meine kleinen grauen Zellen sprangen aufgeregt hin und her. *Ein* Zimmer. Das war für drei offensichtlich zu klein, falls sie für mich nicht noch ein Klappbett aufstellen wollten. Also hatte Hammerstein schon was vor. Aber für uns zwei schien es mir auch nicht gerade üppig. Schließlich war der intimste Augenblick zwischen uns derjenige gewesen, als ich ihm nach Rauls unvorhergesehenem Abgang in meinem rosafarbenen Morgenmantel gegenübergesessen hatte. Und das war meiner Meinung nach schon nah genug gewesen. Bei der Vorstellung, neben ihm in einem Doppelbett zu liegen, verkrampfte ich schon jetzt. Das war was für Leute, die nichts dagegen hatten, mit ihren Zungen die Mandeln des anderen zu erforschen, aber nicht für Philipp und mich.

«*Ein* Zimmer?», fragte ich gedehnt.

Er zuckte die Schultern und nickte. «Keine Angst, ich komm dir schon nicht zu nahe. Das dürftest du ja in den vergangenen Wochen gemerkt haben.»

Da war was Wahres dran. Ich überlegte. Vielleicht war es ja gar keine so schlechte Idee, mal übers Wochenende wegzufahren. Und Philipp war wirklich ein angenehmer Mitbewohner. Also war zu vermuten, dass er auch als Reisebegleiter nicht ganz untauglich war. Und in Freiburg war ich noch nie gewesen, obwohl ich schon oft gehört hatte, dass es eine sehr schöne Stadt sein sollte.

«Also, wie sieht's aus, hast du Lust?», hakte er nach.

Ich nickte. «Ich glaube schon.»

Dann wusste ich plötzlich nicht mehr, was ich sagen sollte. Philipp offensichtlich auch nicht, dafür kam er im gleichen Moment wie ich auf die Idee, seine Hand in die Dose mit den Erdnüssen zu stecken. Wir berührten uns kurz, dann zog ich hastig meine leere Hand zurück. Philipp sah mich amüsiert an und nahm sich eine Erdnuss.

«Ist dir der Appetit vergangen?», fragte er kauend.

«Ich sorge lediglich vor, damit ich nächstes Wochenende nicht mehr Gewicht als nötig durch den Schwarzwald schleppen muss», sagte ich möglichst selbstsicher. Dabei überlegte ich, ob ich wohl noch in die lederne Kniebundhose passte, die meine Mutter mir vor zwei Jahren aus Südtirol mitgebracht hatte und die seitdem jungfräulich in meinem Kleiderschrank darauf wartete, dass ich sie einmal ausführte.

Überhaupt gab es auf einmal tausend Dinge zu bedenken. Was für ein Nachthemd sollte ich anziehen? Konnte ich meine Antifaltencreme, die ich in unserem gemeinsamen Badezimmer immer sorgsam in der hintersten Ecke des Schrankes versteckte, ruhigen Gewissens einpacken, ohne den Schriftzug zu überkleben? Sollte ich Hausschuhe einpacken, um mich vor dem in Hotelzimmern allgegenwärtigen Fußpilz zu schützen, oder wirkte das spießig?

Ich erkannte mich selbst nicht wieder. Da wohnte ich seit Wochen mit Philipp zusammen, ohne viel Aufhebens darum zu machen, und nur weil er auf einmal mit mir verreisen wollte, fing ich an, mir Gedanken über meine Wirkung auf ihn zu machen. Das musste eindeutig daran liegen, dass die Sache mit Raul vorbei war. Ich hatte einfach zu viel Zeit zum Überlegen und steigerte mich zu sehr in die Dinge hinein. Ich zwang mich, mir folgende Tatsachen vor Augen zu führen:

1. Philipp war schwul und interessierte sich ungefähr so stark für meine Nachtwäsche wie ich mich für sein bevorzugtes Sockenmuster.
2. Ich war überzeugter Single und weder darauf aus, einen neuen Freund zu finden, noch Philipp zu bekehren.
3. Wir fuhren nur deshalb gemeinsam weg, weil er ein Helfersyndrom hatte und ich nichts Besseres wusste.

Anna freilich sah die Sache ganz anders. Nachdem ich ihr die neuesten Entwicklungen gemailt und sie ungefähr zwanzigmal aufgefordert hatte, mich anzurufen, meldete sie sich am nächsten Abend, als ich gerade dabei war, meine Reisetasche zu packen.

«Hast du an Kondome gedacht?», wollte sie wissen, nachdem ich ihr das vorläufige Ergebnis meiner Bemühungen (drei Höschen, drei BHs und drei Paar Strümpfe) geschildert hatte.

«Anna, spinnst du? Der Typ ist stockschwul.»

«Da wär ich mir nicht so sicher. Vielleicht ist er ja auch bisexuell.»

«Und wenn schon. Deswegen will ich noch lange nichts von ihm», sagte ich entschieden.

«Charlotte, sag niemals nie. Du weißt nicht, wie sich die Dinge im sonnigen Freiburg entwickeln, mit ein bisschen Wein und Urlaubsstimmung und intensivem Gedankenaustausch auf langen Wanderungen ...»

Anna schien jedenfalls in den letzten Wochen genügend Erfahrungen in dieser Richtung gesammelt zu haben. Sie war inzwischen auf der Insel Tonga gelandet und hatte sich zuvor auf Bali unsterblich in einen ebenfalls rucksackreisenden Australier verliebt, der ihr nun nicht mehr von der Seite wich.

«Also, man kann eine Wanderung im Schwarzwald sicher nicht mit einem romantischen Sonnenuntergang an einem Palmenstrand in der Südsee vergleichen», wehrte ich ab. «Außerdem wäre es mir bestimmt schon vorher aufgefallen, wenn Philipp Augen für Frauen hätte.»

«Na, du wirst doch nicht etwa beleidigt sein, weil er sich bislang zurückgehalten hat?»

Ich stöhnte. Anna war einfach unverbesserlich. Sie konnte sich offensichtlich nicht vorstellen, dass zwei Leute einfach so zusammen wegfuhren, sich ein Zimmer teilten und ansonsten die Finger voneinander ließen.

«Und was macht die Arbeit an der Serie?», fragte sie.

Ich berichtete ihr kurz von Tim Mendels und meiner Titelgeschichte, und sie pfiff anerkennend durch die Zähne. Dann fragte sie:

«Hast du dir eigentlich schon mal überlegt, dass Hammerstein wissen könnte, dass du mit Philipp zusammen wohnst?»

«Ja, und?»

«Und dass er Philipp auch problemlos anbieten könnte, zu ihm zu ziehen?»

«Was willst du damit sagen?»

«Ich will sagen: Vielleicht täuschst du dich ja mit deiner Vermutung, dass die beiden was miteinander haben. Vielleicht sind sie einfach nur Freunde, also, vielleicht ist Hammerstein ein Freund der Familie oder so.»

«Du willst mich wohl mit allen Mitteln verkuppeln, oder was soll das?»

Anna lachte. «Schon gut, Charlotte. War nur so eine Idee. Ich finde es jedenfalls schade, wenn man von vornherein ausschließt, dass auf so einer Reise irgendetwas Unvorhergesehenes passiert. Dann könnte man ja gleich zu Hause bleiben. Warum lässt du die Dinge nicht einfach auf dich zukommen, ohne gleich immer alles zu analysieren, und packst vorsichtshalber ein paar Kondome ein?»

«Wenn es dir hilft.» Ich rollte mit den Augen und nahm mir vor, ihr bei ihrer Rückkehr zur Begrüßung einen Zehnerpack Kondome in allen möglichen Farben und Formen zu schenken. Dazu würde ich ihr ein Kärtchen reichen mit der Aufschrift: «Was du heute kannst besorgen, das verschiebe nicht auf morgen.»

Am Freitagabend schließlich war es so weit. Nach einer zweistündigen Bahnfahrt, die wir aufgrund des vollkommen überfüllten Zuges in verschiedenen Abteilen hinter uns gebracht hatten, standen wir um kurz vor sieben an der Rezeption eines hübschen kleinen Hotels in der Freiburger Innenstadt.

«Guten Abend. Philipp Kurz ist mein Name. Ich hatte ein Zimmer reserviert», stellte Philipp sich vor.

«Herr und Frau Kurz, ja richtig», sagte die Rezeptionistin in breitem Badisch und nickte uns freundlich zu. «Wir mussten etwas umdisponieren, sodass ich Ihnen nun nicht wie versprochen das blaue Zimmer geben kann. Aber als Trost haben wir etwas ganz Besonderes für Sie reserviert: unsere Hochzeitssuite! Sie lächelte uns verschwörerisch an und reichte Philipp einen großen goldenen Schlüssel, an dem eine rote Troddel baumelte. «Fünfter Stock, ist nicht zu verfehlen. Einen schönen Aufenthalt wünschen wir.»

Ich öffnete den Mund und sah Philipp an. Doch der bedankte sich, ohne eine Miene zu verziehen, und schritt dann zum Aufzug.

Das fing ja gut an. Offensichtlich hatte sich nicht nur Anna in den Kopf gesetzt, dass dieses ein ganz besonderes Wochenende werden sollte, sondern auch noch die halbe Belegschaft dieses dusseligen Hotels. Oder hatte Philipp uns als Ehepaar angemeldet? Ich dachte nach. Das war wahrscheinlich die naheliegendste Vermutung, weil die Frau mich ja auch mit Namen – mit *seinem* Namen – angeredet hatte. Ich griff nach meiner Tasche und eilte hinter ihm her.

«Warum hast du uns denn als Ehepaar angemeldet?», fragte ich, sobald sich die Türen des Lifts hinter uns geschlossen hatten.

«Hab ich gar nicht», sagte Philipp, «aber die sind hier wohl noch so konservativ, dass sie sich nicht vorstellen können, dass Mann und Frau nicht verheiratet sind, wenn sie sich ein Zimmer teilen. Wenn die wüssten, dass wir sogar ohne Trauschein zusammen wohnen!» Er grinste.

«Dann hätten sie uns bestimmt nicht in die Hochzeitssuite verfrachtet. Die ist nämlich was für Frischverliebte und nicht für zwei, die schon ewig zusammenleben», erwiderte ich.

Philipp zuckte mit den Schultern. «Mal sehen. Vielleicht können wir ihr ja auch etwas abgewinnen.»

Noch bevor ich fragen konnte, wie er das meinte, öffneten sich die Türen wieder, und wir traten in einen kleinen Flur, von dem die Tür zur Suite abging. Philipp öffnete sie, und wir standen in einem großen Raum, der in mehrere Bereiche unterteilt war.

Rechts befand sich eine kleine Küche, daneben ging eine Tür zu einem weiß gefliesten Bad ab, und linker Hand stand eine Sitzgruppe aus hell- und dunkelblau gemusterten Sesseln. Die Stirnseite des Raumes wurde von einem großen Bett eingenommen, an dessen vier Pfosten ein weißes Moskitonetz befestigt war. Es wirkte so gemütlich, dass ich einen Moment lang vergaß, dass es gleichzeitig das einzige Bett in der ganzen Suite war.

«Da haben wir aber einen guten Tausch gemacht», sagte Philipp und ging zu einem großen Sektkübel, in dem eine Flasche steckte. Er zog sie heraus: «Champagner für das Hochzeitspaar! Los, schmeiß deine Tasche in die Ecke und dich selbst in Urlaubsstimmung!»

Dann ließ er den Korken knallen, füllte zwei schlanke Gläser und reichte mir eines davon. Nachdem ich einen großen Schluck genommen hatte, versuchte ich, ihn möglichst unauffällig zu mustern. Eigentlich war er wirklich attraktiv, allerdings ohne dass er sich dessen auch nur im Geringsten bewusst zu sein schien. Er trug ein kariertes Baumwollhemd und eine ausgewaschene Jeans und hatte dunkle Bartstoppeln im Gesicht, wie die Models von Armani oder Boss, die mir immer aus der «Annika» entgegenlächelten. Aber sein Gesicht war weniger ebenmäßig, seine Nase etwas zu groß, und seine Lippen hatten nicht diese perfekt geschwungene Form, sondern zeigten an den Enden leicht nach oben, was ihm zwar eine äußerst sympathische, aber nicht unbedingt coole Ausstrahlung verlieh. Das Eindrucksvollste aber waren nach wie vor seine unglaublich grünen Augen, die von langen dunklen Wimpern umrahmt waren und ständig zu lachen schienen.

«Schau mal, von hier aus sieht man sogar das Freiburger Münster!» Philipp war vor eines der großen Fenster getreten, die bis auf den Boden reichten und einen Blick über die Dächer der Altstadt boten. Ich stellte mich neben ihn und ließ das vor mir liegende Bild auf mich wirken. Die mit roten Dachziegeln gedeckten Dächer der jahrhundertealten Häuser strahlten golden in der Abendsonne, und neben dem Münster, dessen Turm aus rotem Sandstein wie eine alte Spitze an tausend Stellen kunstvoll durchbrochen war, ragten noch zwei kleinere Türme in die Höhe, die wie zwei alte Wachtürme aussahen.

«Das ist das Martins- und das Schwabentor», sagte Philipp, der meinen Blicken gefolgt war.

«Bist du immer so gut vorbereitet?» Ich war beeindruckt, weil ich gar nicht auf die Idee gekommen war, auf der Zugfahrt in einen Reiseführer zu blicken.

«Kommt darauf an, was ich vorhabe. Aber in diesem Fall schon.» Er sah mich an und grinste. «Ich hab noch ganz andere Informationen in petto. Wusstest du zum Beispiel, dass es auf dem Turm des Münsters ein Gipfelbuch gibt, in das sich die Freeclimber eintragen, die es bis dort oben hinauf geschafft haben? Oder dass es einen Wasserspeier gibt, der das Regenwasser rücklings, als sitze er auf der Toilette, auf die Häupter der Vorbeigehenden niederrauschen lässt?»

Ich schüttelte den Kopf. «Aber wenn du so gut informiert bist, wirst du mir sicher auch sagen können, wo es an einem warmen Sommerabend in Freiburg am schönsten ist?»

«Kein Problem. Ich schlage vor, wir steigen hoch zum Schlossberg, setzen uns auf eine Bank und lassen die Blicke schweifen. Man kann von dort aus bis zu den Vogesen schauen und fühlt sich sofort vollkommen frei und unbeschwert. Jedenfalls ging mir das so, als ich das letzte Mal da war.»

Das ließ ich mir nicht zweimal sagen, und eine halbe Stunde später saßen wir, bewaffnet mit Rotwein, Baguette und Käse, auf einer der Bänke und blickten hinab auf die Stadt, die Rheinebene und hinüber nach Frankreich.

Behaglich lehnte ich mich zurück, denn ich fühlte mich auf einmal so entspannt wie seit Wochen nicht mehr. Ich beschloss, dass dieses Gefühl möglichst lange anhalten sollte, und goss mir meinen Pappbecher randvoll mit dem Wein, von dem Philipp behauptet hatte, es sei einer der besten, die das Breisgau in den letzten Jahren hervorgebracht habe.

Philipp beobachtete mich. «Jetzt willst du's aber wissen, was? Bist du immer so stürmisch, wenn du glaubst, dass es sich lohnt?»

Ich kniff die Augen zusammen und gab vor, ihn nicht näher zu kennen: «Was wollen Sie wissen: Ob ich für einen One-Night-Stand im Hochzeitsbett zur Verfügung stehe? Fehlanzeige.»

«Komm schon, das können wir doch später noch besprechen.» Philipp tat nun so, als sei er unsterblich in mich verliebt und habe ein halbes Jahr damit zugebracht, um meine Hand anzuhalten, ohne dass ich ihn erhört hätte. Dann zog er eine kleine, aufblasbare rote Rose aus seiner Hosentasche und reichte sie mir. «Nimm dies als Zeichen meiner Verehrung. Dann trink den Wein, und den Rest besprechen wir später.»

Langsam begann ich, Gefallen an der Sache zu finden. Also nahm ich die Rose, blies sie auf und schmachtete ihn an: «Liebster, willst du meine Rose sein?»

«Jederzeit. Und nun, meine Holde, nimm ein paar Schluck, auf dass du noch weitere gute Ideen haben mögest.»

Wir prosteten uns zu, und dann wurde er plötzlich ernst: «Charlotte, weißt du eigentlich, dass ich es schön finde, dass wir zwei endlich mal was zusammen unternehmen? Ich finde, wir haben so richtig nebeneinander hergelebt, seit ich bei dir eingezogen bin.»

Ich nickte. «Hab ich auch gerade gedacht. Mit dir ist es einfach so herrlich unkompliziert.»

«Nicht so wie mit dem Typen, der dir die Rosen geschenkt hat?» Irritiert sah ich ihn an. Das sollte doch wohl kein Verhör werden? Wieso interessierte er sich auf einmal für Raul?

Philipp nahm sich ein Stück Brot und sagte schnell: «Schon gut. Vergiss es. Ich wollte dich nicht ausfragen.»

Aber die kleinen grauen Zellen in meinem Kopf hantierten bereits mit riesigen, altertümlichen Hörrohren, die sie an ihre Ohren drückten, wobei sie aufgeregt tuschelten. Die einen waren der Ansicht, dass sich Philipp definitiv mehr, als man das von einem schwulen Mitbewohner erwarten sollte, für mich interessierte. Die anderen glaubten, dass er einfach nur Witze machte und sich bemühte, uns beiden zu einem entspannten Wochenende zu verhelfen.

Ich bemühte mich, beide Seiten zu ignorieren, und versuchte, ein unverfänglicheres Gesprächsthema zu finden. Leider fielen mir stattdessen nur Annas Worte wieder ein, und zum ersten Mal zog ich in Erwägung, dass sie vielleicht Recht haben könnte.

Ich musterte Philipp. Er blickte hinab ins Tal und war sich offensichtlich nicht darüber im Klaren, dass ich gerade dabei war, mir Gedanken über seine sexuellen Vorlieben zu machen.

«Hmmmm. Das ist zwar ein ungewöhnliches Hochzeitsmahl, aber ich muss sagen, dass ich es durchaus genieße», sagte Philipp, nachdem wir eine Zeit lang schweigend nebeneinander gesessen hatten, und nahm sich noch ein Stück Käse.

«Und so ganz ohne Hochzeitsgäste zu speisen hat ja auch was für sich. Da kann man hinterher schnell verschwinden und den vollen Bauch auf eine weiche Matratze betten», rutschte es mir heraus.

Philipp schüttelte den Kopf. «Ist ja schön, dass du es kaum noch aushältst, Liebling, aber ich dachte, wir gehen gleich noch tanzen. Hast du Lust?»

Ich zögerte. Eigentlich war ich schon recht müde, aber wenn ich nun schlappmachte, würde er womöglich denken, ich sei eine Langweilerin.

Das denkt er sowieso schon, deswegen seid ihr ja hier, säuselten meine kleinen grauen Zellen.

Ich seufzte und nickte. Ich musste dringend an mir arbeiten, sonst würde ich demnächst nicht nur eine Speckfalte auf dem Bauch, sondern auch ein Doppelkinn und eine Schrumpfleber haben. Und dann würde sich garantiert nicht mal mehr der Kanarienvogel von Hammersteins Sekretärin für mich interessieren, geschweige denn jemand wie Raul oder Tim.

Oder Philipp. Meine kleinen grauen Zellen hatten ihre Hörrohre beiseite gelegt und waren dabei, ihre Gelenke zu lockern. Tanzen gehen. Aber ja doch! Wenn ich eines gut konnte, dann war es tanzen. Ich habe nie herausgefunden, ob das daran liegt, dass meine Mutter mich im Alter von zehn Jahren in eine Ballettschule geschleppt hat, um der Leiterin zu erklären, ihre einzige Tochter habe einen Gang wie ein Affe, und spätestens vor Eintritt in die Pubertät müsse Abhilfe geschaffen sein. Aber möglich ist das schon, denn in den kommenden neun Jahren hat man mich einmal in der Woche dazu gebracht, meine Arme und Beine zu klassischer Musik in so unmögliche Positionen zu hieven, dass mir sozusagen nichts anderes übrig geblieben ist, als mir eine gerade Körperhaltung und einen entsprechenden Gang zuzulegen – weil ich sonst spätestens nach einem halben Jahr mit einer Wirbelsäulenverkrümmung in Form einer Formel-1-Kurve im Stützkorsett gelandet wäre. Seitdem fallen mir eigentlich zu jeder Art von Musik spontan irgendwelche Bewegungen ein, die nicht ganz blöd aussehen, und insbesondere in Discotheken, wo der Großteil der Leute in dauerlaufähnlicher Manier über die Tanzfläche joggt (ohne sich von der Stelle zu bewegen) oder aber stumpf von einem Bein aufs andere steigt, brauche ich mich nicht zu verstecken.

Es war halb drei, als wir verschwitzt und müde wieder in unserer Suite standen. Ich hatte in den Stunden zuvor erleichtert festgestellt, dass Philipp keiner von diesen Typen war, die schon meinen, sie würden tanzen, wenn sie mit einem Bierglas bewaffnet den großen Zeh über die Tanzfläche halten. Also hatten wir uns prächtig amüsiert, und ich war ganz angetan von der Leichtigkeit, mit der Philipp sich bewegt und von der Einfühlsamkeit, mit der er auf meine Bewegungen reagiert hatte. Während ich duschte, überlegte ich, ob er wohl auch den

«Master-Mind»-Test bestehen würde. Das war Annas und meine liebste Methode, potenzielle Partner auf ihre intellektuelle Leistungsfähigkeit zu testen. Bei dem Spiel, das darin besteht, einen Code aus bis zu fünf verschiedenen Farben zu knacken, kommt es darauf an, streng logisch vorzugehen. Je unlogischer man arbeitet, umso mehr Versuche braucht man, um die Lösung zu finden. Unsere interne Messlatte hatte bei einem Erfolg nach vier Versuchen einen sofortigen Beischlaf für erlaubt erachtet, bei fünf Versuchen eine Wartezeit von einigen Tagen für angebracht gehalten und bei über sechs Versuchen ein Wiedersehen ausgeschlossen. Das ist einer der Gründe dafür gewesen, dass ich so wenig sexuelle Erfahrungen habe sammeln können.

Nachdenklich trocknete ich mich ab und cremte mein Gesicht dick mit Antifaltencreme ein. Dann versteckte ich die Tube ganz unten in meinem Kulturbeutel, schloss den Reißverschluss und rief mich zur Ordnung. Ob Philipp den «Master-Mind»-Test bestehen würde oder nicht, spielte keine Rolle, denn er war schließlich kein potenzieller Partner. Auch wenn ich begann, das ein wenig zu bedauern.

Ich schaute in den Spiegel. Was ich sah, gefiel mir nicht besonders. Zwar hatte man in der Hochzeitssuite keinen Vergrößerungsspiegel angebracht – vermutlich, um Braut und Bräutigam nicht schon in der Hochzeitsnacht auf ihre welkende Schönheit aufmerksam zu machen –, aber die Badezimmerlampe leuchtete mit ihren schätzungsweise 100 Watt auch so gnadenlos jede Falte und jede Pore aus. Ich seufzte. Es war Zeit, den Tatsachen ins Auge zu blicken:

1. Ich war keine zwanzig mehr, und da ich mir weder Frischzellen spritzen noch mich liften lassen wollte, blieb mir eigentlich nur noch die Möglichkeit, mich langsam nach einem geschiedenen Mann jenseits der vierzig umzusehen.
2. Stattdessen befand ich mich mit meinem Mitbewohner und

Hausmann, von dem ich wusste, dass er homosexuell war, und bei dem ich zumindest nicht ausschließen konnte, dass er auch bisexuell war, in einer Hochzeitssuite.

3. Ich war auf dem besten Wege, mich in ihn zu verlieben, was nicht dazu angetan war, mich bei der Suche nach dem «Richtigen» auch nur einen Millimeter voranzubringen.

«Charlotte? Lackierst du dir die Fußnägel oder findest du Gelegenheit, noch vor dem Frühstück da herauszukommen?» Philipp trommelte an die Badezimmertür.

Schuldbewusst wickelte ich mich in den weißen Frotteebademantel, der, eingeschweißt in eine Art Frischhaltefolie, für die Frischvermählten auf einem Handtuchhalter bereitlag, und öffnete die Tür. Davor stand mein Hausmann, nur mit T-Shirt und Boxershorts bekleidet, und lächelte mich an.

Verlegen nestelte ich an dem Knoten meines Gürtels herum. Das hier war wirklich etwas ganz anderes, als mit Philipp zu Hause in Frankfurt zu sein. Denn es bedeutete, dass wir im selben Bett schlafen würden, und je später es wurde und je weniger wir beide anhatten, desto klarer wurde mir, dass wir nicht gerade Brüderchen und Schwesterchen waren. Auch wenn ich das in der Vergangenheit geglaubt zu haben schien.

«Was ist, lässt du mich rein? Ich hätte auch nichts gegen eine Dusche einzuwenden.» Philipp stand immer noch da und wartete.

«Natürlich.» Ich errötete und ließ ihn ins Bad. Sobald ich das Wasser rauschen hörte, zog ich mein Lieblingsnachthemd aus weißer Spitze an und legte mich auf die rechte Seite des Bettes. Dann schlug ich den Reiseführer auf, den Philipp sich gekauft hatte, und versuchte, mich auf die Stadtgeschichte Freiburgs zu konzentrieren. Was mir genau so lange gelang, bis sich die Badezimmertür wieder öffnete und Philipp in seinem weißen Bademantel herauskam. Während ich weiterhin so tat, als läse ich, beobachtete ich besorgt, wie er den Knoten seines Gürtels löste, während er sich dem Bett näherte. Er würde doch nicht …

Dann sah ich, dass er einen von diesen karierten Schlafanzügen trug, die aus Hose und Hemd bestehen, wobei das Hemd vorne eine Knopfleiste hat. Seiner bestand aus einer kurzen Hose und einem kurzärmeligen Hemd und gefiel mir auf Anhieb, weil er in warmen Grüntönen gehalten war, die sicherlich gut zu seinen Augen passten.

«Jetzt willst du's aber wissen, was?» Philipp lachte und deutete auf den Reiseführer. «Das hat dich wohl schwer mitgenommen, dass ich dir so viel über Freiburg erzählt habe und du gar nichts dazu beisteuern konntest?»

Ich schüttelte energisch den Kopf und war froh, dass er überhaupt nicht verlegen zu sein schien. Während er mit einer Selbstverständlichkeit unter unsere gemeinsame Bettdecke schlüpfte, die einen unbeteiligten Beobachter zweifelsfrei zu der Annahme verleitet hätte, dass wir demnächst unsere goldene Hochzeit feiern würden, erklärte ich:

«Im Gegenteil. Du hast mich mit deinen Geschichten so neugierig gemacht, dass ich jetzt auf der Suche nach weiteren Highlights bin.»

«Ich wüsste da noch eins.» Philipp lag auf dem Rücken und schaute mich an.

«Und das wäre?»

Er streckte die Hand aus und strich mir eine Haarsträhne aus der Stirn. «Liegt neben mir.»

Lieber Gott, bitte mach, dass ich jetzt nicht knallrot werde und keine feuchten Hände bekomme.

Ich spürte, wie ich knallrot wurde und feuchte Hände bekam. Darüber hinaus wusste ich nicht, was ich sagen sollte. In meinem Drehbuch stand für solche Fälle als Regieanweisung, dass der Mann die Frau küssen musste, aber Philipp schien ein anderes Exemplar vorliegen zu haben. Er schaute mich an und schien auf eine Reaktion zu warten.

Also lächelte ich und sagte: «Danke.»

«Weißt du, Charlotte, ich habe diesen Abend mit dir wirklich genossen. Ich bin froh, dass wir hier sind.»

«Ich auch. Ich habe das Gefühl, wir lernen uns jetzt erst richtig kennen, weil wir endlich mal etwas Zeit miteinander verbringen.»

Er nickte. Dann beugte er sich vor und küsste mich auf den Mund. «Schlaf gut. Ich freu mich auf morgen.»

Dreizehn

«Und dann hat er sich einfach umgedreht?» Sascha schlug die Hände vor den Mund, als hätte ich ihr gerade eröffnet, dass ich im dritten Monat schwanger sei und nicht wisse, von wem.

Ich nickte unglücklich.

Wir hatten uns in einen leeren Konferenzraum zurückgezogen, und ich war gerade dabei, ihr von unserem Ausflug nach Freiburg zu berichten.

«Ich weiß einfach nicht, was ich von der Sache halten soll, Sascha. Einerseits haben wir eine wunderschöne Zeit gehabt, andererseits hat er bis auf diesen einen Kuss keinen einzigen Annäherungsversuch unternommen.»

«Nun mach dich mal nicht verrückt. Vielleicht ist er einer von der vorsichtigen Sorte, der dich tatsächlich erst kennen lernen und dann mit dir ins Bett will.»

«Ich weiß nicht. Eigentlich kennt er mich ja nun schon lange genug.»

«Ja, aber vielleicht hat es bei ihm erst an diesem Wochenende gefunkt, und er will nichts überstürzen?»

«Wenn du meinst», sagte ich zweifelnd. Ich selbst war weniger optimistisch. Schließlich hatte ich mich innerhalb von 24 Stunden Hals über Kopf in ihn verlieben können – warum also sollte er länger brauchen?

«Warte mal. Ich hab eine Idee», sagte Sascha und beugte sich vor. «Wieso treffen wir uns nicht mal zu viert: Tim, Philipp, du und ich? Dann schaue ich mir den Knaben mal an und sage dir anschließend, was für einen Eindruck ich habe. Ich sterbe ohnehin schon vor Neugierde, ihn kennen zu lernen.»

«Soll das heißen, dass du und Tim jetzt zusammen seid?» Vor lauter Aufregung hatte ich sie gar nicht gefragt, wie das letzte

Treffen mit ihm gelaufen war. So viel zum Thema ehrliche Anteilnahme unter Freundinnen.

Sie strahlte mich an: «Ich sag's ja nicht gern, weil du so niedergeschlagen bist, aber bei uns hat's wirklich gefunkt. So mit allem Drum und Dran. Ich kann gar nicht glauben, dass ich mich jemals in einen so oberflächlichen Typen wie Stephano verlieben konnte.» Sie schüttelte sich.

«Wie schön! Wenigstens eine gute Nachricht. Und was das Treffen angeht: eine gute Idee. Für eine Außenstehende ist es wahrscheinlich leichter, zu erkennen, was Sache ist.»

Wir verabredeten uns zum Billardspielen, und dann machte ich mich auf den Weg zurück an meinen Computer. Schließlich musste ich noch neun weitere Hausmänner-Artikel fertig stellen, und ich konnte nicht davon ausgehen, dass sie alle so problemlos zu recherchieren sein würden wie der über Tim Mendels.

Als ich gegen halb acht nach Hause kam, war Philipp nicht da. Enttäuscht fischte ich eine Dose Ölsardinen aus dem Kühlschrank und überlegte, was ich mit dem angebrochenen Abend anfangen sollte. Auf dem Rückweg aus Freiburg hatte ich mir vorgenommen, meinen Fernsehkonsum drastisch einzuschränken, um Philipp zu signalisieren, dass ich durchaus Interesse daran hatte, mich abends mit ihm zu unterhalten. Irgendwie hatte ich angenommen, dass es ihm ebenso ergehen würde. Aber anscheinend hatte ich mich getäuscht, sonst wäre er ja nicht schon wieder ausgegangen.

Vermutlich traf er sich mit Hammerstein, überlegte ich, während ich mich bemühte, es mir mit der Dose, einer Flasche Bier und einem Buch auf dem Sofa gemütlich zu machen. Früher hatte ich ja immer gedacht, als Frau könne man auf einen Mann nicht eifersüchtig sein. Nun wusste ich, dass das nicht stimmte. Ich schob mir noch ein Kissen in den Rücken und blätterte unentschlossen in dem Bändchen, das ich ohne hinzugucken aus dem Regal gezogen hatte. Es war ein Gedichtband von Rilke, den meine Oma mir in völliger Verkennung der Tatsachen zum achtzehnten Geburtstag geschenkt hatte. Ich überlegte, ob dieser Missgriff mich berechtigte, zur Fernbedienung zu greifen, und hatte gerade die Hand danach ausgestreckt, als ich hörte, wie Philipp nach Hause kam und ein fröhliches «Hallo!» in den Flur schmetterte.

Mein Herz machte einen kleinen Sprung: Er hatte einfach nur länger gearbeitet! Dann überlegte ich, welches der geeignete Ort für Ölsardinen und Fernbedienung wäre, und ließ beides unter dem Sofa verschwinden. Das würde sehr intellektuell und doch gleichzeitig auch unverkrampft wirken, wenn ich mit Rilke und der Bierflasche auf dem Sofa säße. Also schob ich erst die Dose und dann die Fernbedienung mit dem Fuß unter das Sofa und schlug dann den Gedichtband auf Seite 43 auf. Die Flasche stellte ich auf den Boden. Nachdem ich mich etwa fünf Minuten lang bemüht hatte, eine möglichst konzentrierte Pose einzunehmen (man muss dabei konsequent in das Buch blicken, darf keinesfalls zur Tür gucken, falls *er* gerade dieselbe öffnet, und sollte am besten eine leichte Stirnfalte als Zeichen höchster Konzentration andeuten), öffnete Philipp die Wohnzimmertür und ließ sich mit einer Tüte von McDonald's und einem Comic in einen Sessel fallen.

«Pah, bin ich kaputt. Das war vielleicht ein anstrengender Tag heute», sagte er, während er sich suchend umblickte.

«Habt ihr eine neue Ausstellung eröffnet?», fragte ich, wobei ich meiner Stimme jenen beiläufigen Klang zu geben versuchte, den man gemeinhin hat, wenn man mit seinen Gedanken noch ganz woanders ist.

«Nö, aber ich war ganz allein in der Galerie, weil meine Chefin krank ist.» Er angelte sich einen Burger und einen Milchshake aus seiner Tüte und fragte dann: «Sag mal, hast du die Fernbedienung gesehen?»

Ich schüttelte den Kopf und merkte, wie ich errötete.

Er seufzte. «Schade. Manchmal finde ich das wirklich unheimlich entspannend, mich mit irgendwelchem Junkfood vor die Glotze zu knallen.»

«Ach ja?» Ich bemühte mich, den Blick eines Insektenforschers aufzusetzen, der gerade ein besonders seltenes Exemplar unter dem Mikroskop betrachtet.

Philipp zuckte die Schultern. Dann hielt er mir seine Tüte hin und fragte: «Hast du schon gegessen?»

Ich winkte ab. «Ja, danke, eine Kleinigkeit. Hatte nicht so viel Hunger.»

Neidisch beobachtete ich, wie er aus seiner Tüte immer neue Dickmacher herauszog und sie genüsslich verspeiste. In Gedanken verfluchte ich mich, dass ich die Ölsardinen so vorschnell entsorgt hatte, umso mehr, als ihr Geruch sich langsam im ganzen Raum ausbreitete. Philipp musste denken, ich habe in einer Fischbräterei zu Abend gegessen.

«Heute Morgen, als du schon weg warst, hat hier übrigens jemand angerufen und wieder aufgelegt, nachdem ich drangegangen bin», sagte Philipp unvermittelt. «Kann es sein, dass dein Rosenkavalier immer noch nicht aufgegeben hat?»

«Glaube ich nicht. Warum fragst du?» Ich zwang mich, seinem Blick standzuhalten, was definitiv das Aufregendste war, was in meinem Leben seit unserem Kuss im Hochzeitsbett passiert war.

«Ach, nur so. Ich hatte irgendwie das Gefühl, dass sich da nicht jemand einfach nur verwählt hat.»

Na toll. Warum waren Männer immer nur in Filmen eifersüchtig? Warum schmissen sie sich immer nur dort vor den Frauen auf den Fußboden und beschworen sie, keinen anderen Mann mehr anzuschauen? Warum saßen sie im wirklichen Leben immer mit einer Tüte/Zigarette/Bierflasche in irgendwelchen dusseligen Sesseln/Kinositzen/Autos, statt sich neben die Frau auf das Sofa/Bett zu setzen und die Arme um sie zu schlingen?

Ich musste wirklich möglichst schnell klare Verhältnisse schaffen. Ich würde nicht die nächsten sechs Wochen meines Lebens damit zubringen, jedes von Philipps Worten zwei Stunden lang zu interpretieren. Ich würde mir einen klaren Termin setzen, bis zu dem ich wissen wollte, was es mit unserem Kuss auf sich gehabt hatte. Ich würde die Dinge von nun an in die Hand nehmen und nicht mehr nur auf ihn reagieren. Und ich würde gleich jetzt damit anfangen. Also sagte ich:

«Übrigens, am Mittwoch gehe ich mit ein paar Freunden Billard spielen, und ich dachte, vielleicht hast du ja zufällig Lust, mitzukommen?»

Er überlegte. «Mittwoch? Das könnte klappen. Ich bin zwar bis acht Uhr in der Galerie, aber danach hätte ich Zeit.»

Erleichtert nickte ich. «Das passt gut. Wir wollten uns sowieso erst um halb neun treffen.»

«Und was sind das so für Freunde?»

Ich zögerte. Wenn ich jetzt sagte, dass die beiden frisch verliebt waren, roch er womöglich Lunte und meinte, er solle verkuppelt werden. Andererseits würde er das sowieso spätestens dann denken, wenn er die beiden kennen lernte. Und damit richtig liegen.

«Lass dich überraschen», sagte ich geheimnisvoll und erhob mich in der Gewissheit, einen rundum gebildeten (Rilke), stilvollen (weder Fernseher noch Comic, noch Junkfood) und selbstsicheren (spontane Einladung zum Billardspielen) Eindruck hinterlassen zu haben.

Als ich die Tür hinter mir zuzog, rief Philipp mir nach: «Probierst du ein neues Rezept aus, oder warum hast du die Fernbedienung in Ölsardinen eingelegt?»

Der Dienstag verging wie im Flug mit der Vorbereitung für die nächste Folge der Serie, und am Mittwoch machte ich mich früher als gewöhnlich auf den Weg in die Redaktion, weil ich unterwegs noch aus rein dienstlichen Gründen bei «La Petite France» Halt machen musste. Hammerstein hatte Geburtstag, und wie jedes Jahr bereitete die Redaktion als Geschenk ein Früh-

stück vor, das auf einem großen Tisch im Konferenzraum aufge-
baut wurde. Jeder brachte irgendetwas mit, und ich hatte mich
dieses Jahr bereit erklärt, frische Croissants zu besorgen.

Als ich in der Redaktion eintraf, waren die meisten Kollegen
schon da und liefen wie ein Haufen verrückter Hühner durch
die Gegend. Irritiert schüttete ich die Croissants auf eine große
Platte und fragte Julius, der gerade neben mir eine Flasche Sekt
kalt stellte:

«Was ist denn los? Nur weil Hammerstein Geburtstag hat, geht
es doch hier normalerweise nicht zu wie in einem Heim für hy-
peraktive Kinder.»

«Hast du noch nicht gehört?» Julius machte eine dramatische
Pause.

Ich schüttelte den Kopf.

«Hammerstein hat gekündigt. Scheint so, als wolle er sich vor-
zeitig zur Ruhe setzen, weil er seine große Liebe gefunden hat
und alle ihm verbleibende Zeit mit ihr verbringen will. Oder
muss man eher sagen: mit ihm?» Er lächelte süffisant, bildete
mit Daumen und Zeigefinger der linken Hand einen Kreis und
steckte den Mittelfinger der rechten Hand hindurch.

Entgeistert starrte ich ihn an. Hammerstein wollte sich mit Philipp auf eine einsame Insel zurückziehen und Kokosnüsse aus-
schlürfen? Philipp wollte seinen Studienplatz an der Hochschule der Künste sausen lassen, um mit einem Typen, der sein
Vater hätte sein können, seine besten Jahre zu verbringen?

Das konnte nicht sein. Das durfte nicht sein. Das war ausgeschlossen.

«Schätzchen, geht's dir gut? Du bist ja leichenblass auf einmal!»
Julius musterte mich besorgt.

«Jaja», sagte ich hastig, «bei der Vorstellung, dass Hammerstein
mit so einem Jüngling durchbrennen könnte, ist mir nur etwas
flau im Magen geworden. Meinst du nicht, dass vielleicht doch
eine Frau hinter der ganzen Sache steckt? Oder vielleicht etwas
ganz anderes? Eine Krankheit? Oder vielleicht hat er geerbt und

braucht nicht mehr zu arbeiten?» Verzweifelt versuchte ich, eine Erklärung für Hammersteins Entschluss zu finden, die nichts mit Philipp zu tun hatte.

Julius zuckte die Schultern: «Und wenn schon. Der Neue soll jedenfalls ein richtiger Wadenbeißer sein. Kommt von der ‹Julia› und ist dafür bekannt, dass er jeden abmahnt, der nicht genau das schreibt, was er will.»

Den Tag in der Redaktion überstand ich nur mühsam, und auf dem Weg zu unserem Treffen nahm ich mir vor, herauszufinden, ob Philipp tatsächlich derjenige war, mit dem Hammerstein sich zur Ruhe setzen wollte.

Sascha und Tim waren schon da, als ich in der verrauchten Billardkneipe im Ostend eintraf. Schnell erzählte ich ihnen die wichtigsten Neuigkeiten, und wir verabredeten, dass Sascha Philipp über sein geplantes Studium an der HdK ausfragen sollte, während Tim die Rolle desjenigen übernehmen sollte, der nach den Gründen für Hammersteins Rückzug suchte.

«Na, dann auf ein entspanntes Kennenlernen», sagte Sascha seufzend und griff zu ihrem Queue.

Als Philipp um kurz nach halb neun eintraf, hatte Sascha drei Kugeln versenkt und ich vier, und wir waren gerade mitten in einer Unterhaltung über die Zuschriften, die Tim nach der Veröffentlichung des Hausmann-Artikels erhalten hatte. Die «Annika» fungiert in solchen Fällen als Postfach, wo alles an Reaktionen gesammelt und dann gebündelt an den jeweiligen Adressaten weitergeleitet wird. Das hat den Vorteil, dass die Leser und Leserinnen seine wirkliche Adresse nicht erfahren und dennoch die Möglichkeit erhalten, Kontakt mit ihm aufzunehmen. Tim hatte sich kaum retten können vor Angeboten von Frauen, die mit ihm zusammenziehen wollten, und Sascha hatte Lachtränen in den Augen, als sie von den Fotos berichtete, die einige von ihnen beigelegt hatten.

«Ich weiß auch nicht, woher die ihr Selbstbewusstsein nehmen», keuchte sie, «aber wenn ich hundertzwanzig Kilo wiegen würde, würde ich mich nicht unbedingt im Bikini ablichten lassen, um mich dem Mann meiner Träume vorzustellen.»

Philipp, der unser Spiel gemeinsam mit Tim beobachtete, grinste. «Gewisse Männer scheinen so was zu mögen. Ich hab mal was über einen Typen gelesen, einen arabischen Prinzen, der nur Frauen in seinen Harem aufnahm, die mehr als zwei Zentner wogen.»

Tim verzog das Gesicht. «Manche Leute haben schon komische Vorstellungen vom Glück. Wir haben gerade schon über Charlottes Chef gesprochen, Philipp, und der hat seinen Mitarbeitern heute erklärt, dass er sich aus privaten Gründen aus dem Berufsleben zurückzieht. Hat das vielleicht auch was mit einer neuen Beziehung zu tun, Charlotte?»

«Keine Ahnung. Er hat das nicht genauer erläutert», sagte ich, während ich Philipp aus den Augenwinkeln beobachtete. Zu meinem Leidwesen reagierte er überhaupt nicht, obwohl Tim und ich das Thema nach allen Regeln der Kunst hin und her wendeten.

Schließlich sagte Sascha: «Jetzt redet doch mal über was anderes. Der arme Philipp langweilt sich sicher schon zu Tode. Philipp, Charlotte hat mir erzählt, dass du demnächst an der HdK in Berlin anfängst, stimmt das?»

Sofort begannen Philipps Augen zu leuchten, und er nickte begeistert: «Ja, im Oktober. Ich werde vermutlich Mitte September bei Charlotte ausziehen und mir in Berlin eine Bude mieten. Das ist natürlich schade, einerseits» – er lächelte mich an –, «aber andererseits ist Berlin ja auch nicht aus der Welt, und es ist wirklich eine tolle Stadt.»

Sascha und ich wechselten einen Blick, und sie zuckte unmerklich die Schultern.

Zwei Stunden später – jeder hatte gegen jeden gespielt und Philipp war mit Abstand am erfolgreichsten gewesen – wussten wir nicht nur alles über sein geplantes Studium, sondern hatten auch noch ausgiebig über die Hausmann-Serie, Saschas nächste Dienstreise nach Kuwait und Tims geplanten Sprung in die Selbständigkeit diskutiert. Alles in allem war es ein rundum gelungener Abend gewesen – bis auf die Tatsache, dass ich nicht wirklich schlauer war als vorher, was die Verbindung zwischen Philipp und Hammerstein anging.

«Wenn überhaupt, scheint Hammerstein mit nach Berlin zu gehen», flüsterte Sascha mir im Hinausgehen zu, «ich kann mir nicht vorstellen, dass alles, was Philipp über die HdK erzählt hat, nicht mehr gelten soll. Dafür war er zu begeistert bei der Sache.» Ich nickte. Das Gefühl hatte ich eigentlich auch, aber der Schreck über Hammersteins Ankündigung saß mir noch in den Knochen, sodass ich geneigt war, bis zum Beweis des Gegenteils vom Schlimmsten auszugehen.

«Was ist, gehen wir noch auf einen Sprung in die ‹Galerie›, um was zu trinken?», fragte Tim, als wir auf dem Bürgersteig standen.

«Bloß nicht», stöhnte Sascha, «ich bin todmüde und muss morgen früh raus. Lass uns nach Hause gehen.» Sie hakte sich bei ihm ein. Aber Tim ließ sich so schnell nicht überzeugen und wandte sich an Philipp und mich.

«Was ist mit euch? Habt ihr noch Lust?»

«Lust schon», sagte Philipp, «aber ich fürchte, ich habe keine Zeit. Ich habe noch eine Verabredung, die ich ungern sausen lassen würde. Ihr seid mir doch nicht böse?» Er sah fragend in die Runde.

«Nein, nein, das ist doch klar, außerdem bin ich auch müde», beeilte ich mich zu sagen, während meine kleinen grauen Zellen sich hysterisch die Haare rauften.

«Na, dann würde ich sagen, bis demnächst mal», Philipp lächelte Tim und Sascha an und zwinkerte mir zu, «kommt gut nach Hause.»

Damit schwang er sich auf sein Fahrrad und verschwand. Sascha und ich starrten uns sprachlos an.

«Jetzt noch eine Verabredung? Wenn das kein Grund ist, das Schlimmste zu vermuten», sagte Sascha, «schließlich hat Hammerstein immer noch Geburtstag.»

Ich nickte düster und sah sie verzweifelt an.

«Und was machen wir jetzt?»

Sascha überlegte: «Wie wär's, wenn wir ihm unauffällig folgen würden, um zu gucken, wohin er fährt?» Sie blickte in die Richtung, in die Philipp geradelt war.

«Dann aber schnell», sagte Tim und schloss sein Auto auf. Wir sprangen hinein, und er gab Gas.

Als wir uns Philipps Rücklicht bis auf etwa dreihundert Meter genähert hatten, legte Tim den zweiten Gang ein, und wir fuhren in gebührendem Abstand hinter ihm her. Gott sei Dank war um die Uhrzeit nicht mehr besonders viel Verkehr.

Philipp radelte schnell, überfuhr aber zum Glück keine roten Ampeln. Nach etwa fünfzehn Minuten hielt er vor einem hübschen Mehrfamilienhaus im Holzhausenviertel und schloss sein Rad ab. Er klingelte, und dann verschwand er im Inneren des Hauses.

«Okay, wer geht?» Sascha blickte Tim an.

«Schon gut. Wenn ihr euch nicht traut.» Er parkte etwa zehn Meter von dem Haus entfernt auf der anderen Straßenseite und lief dann hinüber. Nach einem kurzen Blick auf die Klingelanlage kam er wieder zurück und setzte sich hinters Steuer.

«Und?», fragten Sascha und ich wie aus einem Munde.

«Ihr hattet Recht. Hammerstein», sagte Tim und guckte auf einmal ziemlich wütend.

«Mist», sagte Sascha und sah mich mitleidig an.

Ich merkte, wie mein Magen anfing zu rebellieren. Das hier, da gab es nichts zu deuten, war der endgültige Beweis dafür, dass Philipp und mein Chef ein Paar waren. Komischerweise war ich noch viel deprimierter als damals, als ich mit Anna aus dem «Klafünf» getürmt war, nachdem die Tigerlili von ihrer Affäre mit Raul berichtet hatte. Es war bitter, aber in diesem Moment in Tims Auto wurde mir klar, dass ich tatsächlich geglaubt hatte, Philipp könnte «der Richtige» sein.

Ich schluckte. Bald würde er ausziehen und auf Nimmerwiedersehen aus meinem Leben verschwinden. Er würde ein berühmter Künstler werden, und ich könnte eines Tages in irgendeiner nachmittäglichen Talkshow auftreten und sagen: «Ja, ich habe ihn gekannt. Er war mein Hausmann.» Das würde mir den Neid einiger hunderttausend fettleibiger Hausfrauen einbringen, und dann würde ich am Abend wieder zu Hause sitzen mit der Fernbedienung in der Hand und Chips essen. Mir würde ein Damenbart wachsen, und ich würde den Enkeln meiner Schwester von früher erzählen, als ich noch jung und schlank war, und irgendwelche vergilbten Einkaufszettel aus einem vergammelten Pappkarton ziehen, die Philipp geschrieben hatte.

«Möchtest du nach Hause?», fragte Sascha.

Ich nickte. Dann kramte ich nach einem Taschentuch und schnäuzte mich. Klarer Fall für einen Kitschroman und eine Wärmflasche. Und eine Tafel Schokolade, ergänzten meine kleinen grauen Zellen, denen ebenfalls die Nasen liefen. Schnief.

Eine Dreiviertelstunde später – ich war gerade dabei, über den Resten der Schokoladentafel einzunicken – kam Philipp nach Hause. Irritiert blinzelte ich und blickte auf die Uhr. Das musste ein echter Quickie gewesen sein, denn allein um die Strecke von Hammersteins Haus bis zu uns mit dem Fahrrad zurückzulegen, brauchte man ungefähr zwanzig Minuten. Deprimiert zog ich mir die Decke bis zum Hals. Ich würde mich nicht länger als Privatdetektivin engagieren. Wie schnell Hammerstein und Philipp miteinander fertig waren, interessierte mich nicht die Bohne. Ich war eine selbständige, unabhängige, attraktive junge Vermieterin, die sich einen Hausmann leisten konnte, der zufällig schwul war und auf Fünfzigjährige stand. War mir doch egal.

Ich überlegte. Es war kurz nach Mitternacht. Also war es auf

Tonga kurz nach Mittag. Anna hatte in ihrer letzten Mail eine Telefonnummer angegeben und erwähnt, dass sie um die Mittagszeit gut zu erreichen sei, da sie dann Siesta halte. Ich sprang aus dem Bett und holte das Telefon. Dann kroch ich zurück zu meiner Wärmflasche und wählte.

Nach erstaunlich kurzer Zeit nahm jemand ab, und ich fragte in meinem schönsten Schulenglisch nach Anna. Es klickte, und dann sagte meine beste Freundin:

«Du hältst mich zwar gerade davon ab, den Orgasmus meines Lebens zu bekommen, aber ich verzeihe dir. Habt ihr die Kondome verbraucht?»

Ich lachte und fühlte mich sofort besser. Mit Anna zu reden war genau das, was ich brauchte. Sie war so herrlich direkt und ließ sich durch nichts so schnell unterkriegen. Außerdem schien die Weltreise ihren geistigen Horizont auf die Gegend zwischen ihren Beinen eingeengt zu haben, was zwar ungewöhnlich, aber nicht uninteressant war – vermutlich vor allem für sie nicht.

«Kein einziges», gab ich zu Protokoll, und dann erzählte ich ihr den ganzen Rest.

«O nein», stöhnte sie, als ich fertig war, «das hört sich ja in der Tat so an, als sei euer einziger Kuss ein schwuler Alibigutenachtkuss gewesen. Willst du dich nicht ins Flugzeug setzen und herkommen? Hier gibt es so viele schöne Männer, die dich ablenken könnten, dass du bald schon nicht mehr wissen würdest, dass es jemals jemanden gab, der Philipp hieß.»

«Bloß nicht», ich winkte ab, «an einer Urlaubsaffäre habe ich kein Interesse. Ich bin schließlich auf der Suche nach was Dauerhaftem.» Kaum hatte ich die Worte ausgesprochen, kamen sie mir blöd vor, obwohl sie meiner Mutter und meiner Oma sicherlich gefallen hätten.

«Also, ein Qualitätssiegel mit zweijähriger Rücknahmegarantie haben die Typen hier natürlich nicht vorzuweisen», erklärte Anna und lachte. «Aber ich verstehe, was du meinst. In dem

Fall würde ich an deiner Stelle noch einen einzigen Versuch unternehmen, Philipp zu verführen. Wenn der scheitert, wirst du aufgeben. Aber vorher nicht.»

Ich schwieg. In meinen Hirnwindungen hatten sich in Windeseile zwei Konfliktparteien formiert und zum Schlagabtausch ausgerichtet.

Du, ihn verführen, riefen die einen, die Blöße wirst du dir nicht geben, nach allem, was vorgefallen ist. Du hast schließlich auch deinen Stolz.

Jetzt mal langsam, Charlotte, riefen die anderen. Immerhin hat Philipp dich angesprochen, damals unter der Zierkirsche.

Ja, aber hat er seitdem irgendwas Ernsthaftes unternommen, um die Sache in Gang zu bringen?, schrien die einen wieder.

Vielleicht erwartet er, dass du etwas unternimmst? Er hat dich schließlich geküsst, rief die Gegenseite.

«Ich weiß nicht», sagte ich zögernd, «wenn er doch mit Hammerstein zusammen ist … Selbst wenn er auf meinen Annäherungsversuch reagieren würde – was ich nicht glaube –, was habe ich dann davon? Ich glaube, ich sollte mich einfach damit abfinden, dass die Sache aussichtslos ist, und ihn vergessen.»

«Dann wirst du aber nie herausbekommen, ob nicht doch alles ein gigantisches Missverständnis war», gab Anna zu bedenken, «schließlich hast du die beiden nie in flagranti erwischt. Zugegeben, alles deutet darauf hin, dass was zwischen den beiden läuft. Aber *gesehen* hast du das nicht. Und gehört auch nicht. Ich würde mich so schnell nicht unterkriegen lassen. Vor allem dann nicht, wenn du wirklich in ihn verliebt bist.»

«Du hast gut reden», ich seufzte und vermutete, dass der Australier aus Bali an ihren Zehen knabberte, während sie mir gute Ratschläge erteilte.

«Komm schon, Charlotte, sei kein Frosch», drängte sie mich, «ich schlage vor, du überlegst dir die Sache nochmal, und heute in zwei Wochen rufe ich dich an, und du erzählst mir, wie du dich entschieden hast. Ich verspreche dir, dass ich dann den

Mund halten werde, selbst wenn du die Sache zu den Akten gelegt hast. Aber denk wenigstens in Ruhe darüber nach.»

Ich nickte langsam. Das war ein vernünftiger Vorschlag. Im Moment war ich sowieso viel zu geschockt, um einen klaren Gedanken zu fassen.

«Ist gut, Anna. Danke. Und entschuldige die Störung.»

«Quatsch», sie lachte, «um mit dir zu sprechen, würde ich selbst Tom Cruise vertrösten. Wir Frauen müssen doch zusammenhalten.»

Vierzehn Philipp ging ich in den kommenden Tagen so gut es eben ging aus dem Weg, weil ich das Gefühl hatte, ich müsse erst einmal ausprobieren, ob ich mich nicht einfach wieder entlieben konnte. Morgens stand ich immer erst auf, wenn er schon weg war, abends arbeitete ich so lange, dass er meist schon ausgegangen war, wenn ich nach Hause kam. Das Abendessen stand dann stets auf dem Tisch, und die Wohnung war sauber und aufgeräumt, als wollte er mir signalisieren, dass für ihn alles beim Alten sei. Aber ich hatte das Gefühl, dass auch er sich bemühte, mir nicht allzu oft über den Weg zu laufen. Wenn er nach Hause kam, schlich er sich in die Wohnung wie ein Dieb. Und morgens war er so leise, dass das Lauteste, was ich hörte, das Rauschen der Dusche war.

Es schien so, als gäbe es eine Art unausgesprochenes Abkommen zwischen uns, das darin bestand, das Wochenende in Freiburg als eine einmalige Sache zu begreifen, die mich auf andere Gedanken hatte bringen sollen, und zwar mit Hilfe von Philipp, dem selbstlosen Hausmann, der zu meiner Aufmunterung selbst vor einem Kuss nicht zurückgeschreckt war. Damit hatte er sich sozusagen die moralische Erlaubnis erarbeitet, nun umso mehr seiner eigenen Wege zu gehen, nach dem Motto: Ich habe alles versucht, aber sie wollte sich einfach nicht helfen lassen.

Ich hatte mich schon fast mit der Situation abgefunden und überlegte, ob ich mir nicht einen zweiten Fernseher anschaffen und in mein Schlafzimmer stellen sollte, als Anna mir eine E-Mail schrieb:

Süße,

Wenn du die Sache noch länger vor dir herschiebst, wirst du enden wie meine Tante Annelore. Die hat mir auf dem Sterbebett erzählt, dass sie sich ihrem Angebeteten nie offenbart hat, weil ihre Eltern katholisch und seine evangelisch waren – ein unüberbrückbares Hindernis. Also hat sie nie geheiratet, und er auch nicht. Als er gestorben ist, hat sich herausgestellt, dass er schon mit fünfundzwanzig zum katholischen Glauben übergetreten war. Aus seinen Tagebuchaufzeichnungen, die seine Familie ihr nach seinem Tode zeigte, ging hervor, dass er die ganze Zeit geglaubt hatte, sie wisse das. Aber da sie seine Einladungen nie angenommen hatte, hat er irgendwann aufgegeben.

Deine sich unter einer Palme räkelnde und niemals aufgebende

Anna

Ich grübelte zwei Tage lang über das Schicksal der Tante Annelore. Am dritten Tag beschloss ich, dass ich nicht so enden wollte wie sie und einen letzten Versuch unternehmen würde – selbst auf die Gefahr hin, mir den Korb aller Körbe einzuhandeln und mich total lächerlich zu machen.

Also zog ich das Gardinenkleid an, als ich gegen 21 Uhr von der Arbeit kam, legte ein wenig Lippenstift und Parfüm auf und setzte mich mit zwei Kerzen, einer Flasche Prosecco und einigen Lachshäppchen, die Philipp vorbereitet hatte, auf den Balkon. Es war ein wunderbarer Spätsommerabend, man hörte die Grillen im nahe gelegenen Park zirpen, und wenn es nicht gerade um die Frage gegangen wäre, ob ich als einsame Jungfer oder als fünffache Mutter von Philipps Kindern sterben würde, hätte ich mich sicherlich wunderbar entspannen können.

Als ich gerade zum zweiundzwanzigtausendstenmal auf die Uhr sehen wollte, hörte ich, wie sich die Wohnungstür öffnete.

«Na, aus gewesen?», rief ich, wobei ich mich bemühte, meiner

Stimme den beiläufigen, freundlichen und erotischen Unterton zu geben, den ich in den vergangenen zwei Stunden etwa fünfunddreißigmal eingeübt hatte.

Überrascht kam Philipp näher und sah mich an.

«Du anscheinend auch, oder wieso bist du noch wach?»

«Ooch … war noch nicht müde und dachte, ich nutze mal ein wenig unseren Balkon.»

Toll, Charlotte, das hört sich ja wahnsinnig aufregend und einladend an. Vielleicht solltest du auch noch erwähnen, dass der Balkon genau sieben Komma null drei Quadratmeter groß ist und ihr dafür jeden Monat 28 Euro Miete zahlt. Dann setzt er sich bestimmt sofort zu dir und verwickelt dich in ein stimulierendes Gespräch über den Frankfurter Mietspiegel.

«Ist ja auch eine laue Nacht», sagte Philipp und füllte ein zweites Glas mit Prosecco, «ich denke da auch immer, dass ich den Schlaf im Winter nachholen kann.»

«Und, warum bist du heute so elegant?», fragte er, während er seinen Blick über meinen verführerisch auf den Stuhl drapierten Körper streifen ließ.

Auf diese Frage war ich vorbereitet.

«Hatte einen Termin heute Nachmittag, und nach dem Meeting sind wir sofort essen gegangen, daher bin ich noch nicht dazu gekommen, mich umzuziehen», sagte ich, wobei ich überlegte, wie ich meine in den vergangenen 24 Stunden aufgestellte Checkliste abarbeiten und am unauffälligsten herausfinden konnte, ob er

1. mit Hammerstein aus gewesen war (sehr wahrscheinlich!);
2. mit Hammerstein im Bett gewesen war (zu vermuten);
3. mit mir ins Bett wollte (ausgeschlossen, aber der Form halber mit auf der Liste!); und
4. hetero-, homo- oder bisexuell war.

«Und wo warst du so?», fragte ich möglichst gleichgültig.

«War noch mit ein paar Freunden was trinken.»

Aha, bestimmt wieder mit Hammerstein in der «Roten Bar», in der Nische beim Klo, wo Julius ihn schon mal gesehen hat, riefen meine kleinen Freunde.

«Kennst du eigentlich die ‹Rote Bar›?», hakte ich nach.

Philipp sah mich überrascht an, und ich verbuchte ein Plus in der Rubrik «mit Hammerstein aus gewesen».

«Klar, da waren wir neulich auch mal. Ist ja ein ganz netter Laden, aber für meinen Geschmack etwas zu voll, um sich zu unterhalten.»

Wir. *Wir!* Das ergab ein Plus unter «homosexuell», klarer Fall. Mir würde er so schnell keinen Homo für einen Hetero vormachen.

«Wenn man seine Ruhe haben will, trifft man sich in der Tat besser gleich zu Hause ...» Ich ließ die Worte in der Luft hängen und beobachtete ihn.

«Oder irgendwo in der Natur. So wie auf dem Freiburger Schlossberg, zum Beispiel.» Er sah mich an.

Ich zögerte, weil ich überlegen musste, ob diese Antwort zu einem Plus in der Rubrik «homosexuell oder bisexuell» führen sollte.

«Und du?», fragte er. «Du scheinst ja in letzter Zeit viel zu tun zu haben, weil du immer erst so spät nach Hause kommst. Läuft es gut bei der Arbeit?»

«Ja, aber es ist zurzeit wirklich recht anstrengend», murmelte ich, «meine ganzen Freunde beschweren sich auch schon, dass ich sie immer vertröste, aber bevor ich mich dann mit dem einen verabrede und mit dem anderen nicht, weil ich keine Zeit habe, lasse ich es lieber ganz. Kennt man ja, diese Erklärungsnöte, wenn das dann durchsickert ...»

Philipp lachte: «Das hört sich ja schlimm an. Würde ich mir nie antun. Wenn ich die Wahl habe, konzentriere ich mich lieber auf einige wenige Leute, mit denen ich dann enge Freundschaften habe, als mich so zu verzetteln.»

Ich notierte zwei dicke Pluszeichen unter «mit Hammerstein im Bett gewesen» und eins unter «bisexuell», bevor ich bemerkte, dass Philipp mich intensiv ansah.

Verwirrt blickte ich zurück.

Lass gut sein, Charlotte, riefen meine kleinen Freunde, du merkst doch, wie er dich ansieht.

Na klar merke ich das, entgegnete ich trotzig und malte noch ein Plus unter «bisexuell», bevor ich möglichst schnippisch fragte: «Und, schon wen Passendes gefunden?»

«Vielleicht», sagte Philipp und sah mich immer noch an.

Ich merkte, wie mir die Röte ins Gesicht stieg, und griff verlegen nach meinem Glas. Bevor ich es zum Mund führen konnte, nahm er es mir aus der Hand:

«Meinst du nicht, es ist Zeit, anzustoßen?»

«Worauf?» Ich konnte mich nicht mehr recht auf meine Pluszeichen konzentrieren und versuchte verzweifelt, meine Stimme so klingen zu lassen, als lese ich gerade eine Trainingsanleitung für Bauch-Beine-Po-Gymnastik vor.

«Auf uns, Charlotte.»

«Auf uns? Klar, warum nicht!», sagte ich hastig, während ich mich gleichzeitig bemühte, nicht zu hyperventilieren.

Auf uns! Ich schob die Worte in meinem Kopf hin und her, um den richtigen Platz für sie zu finden. War das jetzt ein «Auf uns» gewesen, das unsere Wohngemeinschaft zum Thema hatte, oder eines, das eher sexueller Natur war? Eins, das sich lediglich auf diesen ganz speziellen Abend bezog? Oder auf uns junge Leute um die dreißig, die Generation der Nachachtundsechziger im Allgemeinen? Auf alle im Frankfurter Nordend lebenden Singles oder auf alle, die unter vierzig waren und in Frankfurt lebten? Man konnte auch nicht ausschließen, dass es ein ganz lapidares «Auf uns» gewesen war, das lediglich als Lückenfüller mangels einer anderen Idee das Licht der Welt erblickt hatte. Oder eins, das ihm schon wieder Leid tat.

Ich überlegte, ob ich die Sache vielleicht ein wenig überinterpretierte, und machte sicherheitshalber erst mal kein Pluszeichen in irgendeine Rubrik. Dann bemerkte ich, dass Philipp immer noch mein Glas in der Hand hielt und darauf wartete, dass ich es zurücknahm und mit ihm anstieß.

Während wir unsere Gläser leerten, sahen wir uns auf eine durchaus angenehme Art in die Augen. Seine Mutter – genau wie meine – schien ihm während der gesamten Pubertät und darüber hinaus eingebläut zu haben, dass dies ein unabdingbarer Bestandteil guter Manieren sei. Dann fiel mir ein, dass seine Eltern geschieden waren und seine Mutter ganz andere Sorgen gehabt hatte.

Vielleicht sollte ich doch ein ganz kleines Pluszeichen unter «will mit mir ins Bett» machen? Meine kleine grauen Zellen jedenfalls machten eindeutige Signale in diese Richtung und schüttelten schon mal die Kissen auf. Ich zögerte und überlegte gerade, ob ich ihn fragen sollte, was genau er mit seinem «Auf uns» gemeint hatte, als das Telefon klingelte.

Um die Uhrzeit konnte das nur eines bedeuten: Anna war unter ihrer Palme hervorgekrochen. Ich sprang auf, rannte zum Telefon und riss den Hörer aus der Halterung.

«Anna?»

«Charlotte?» Es war Raul.

Ernüchtert ließ ich mich auf einen Küchenstuhl fallen. Wenn ich das gewusst hätte, wäre ich auf dem Balkon sitzen geblieben und hätte weiterhin in Philipps grüne Augen geblickt.

«Raul, was um Himmels willen kann ich um diese Uhrzeit für dich tun? Hast du dich ausgeschlossen?»

«Freust du dich gar nicht über meinen Anruf?» Er klang beleidigt.

«Wenn du so direkt fragst: nein.» Ich war mir bewusst, dass Philipp durch die geöffnete Balkontür jedes Wort verstehen konnte, und bemühte mich, ganz normal zu klingen.

«Du hast das doch nicht wirklich ernst gemeint, was du damals beim Inder gesagt hast?» Er klang irritiert.

«Wieso sollte ich das nicht ernst gemeint haben?» Ich war nicht bereit, ihm auch nur einen Millimeter entgegenzukommen.

«Ich dachte nur, weil du doch sonst immer so … du warst sonst immer so …»

«Duldsam?»

Er schwieg.

«Das war ich in der Tat, aber die Zeiten haben sich geändert, und jetzt habe ich keine Lust mehr, auch nur einen Gedanken an damals zu verschwenden. Die Sache ist für mich gelaufen, Raul, wie ich dir schon gesagt habe. Und jetzt wünsche ich dir eine gute Nacht.»

Obwohl ich gerne noch gehört hätte, was er sagen würde, legte ich auf. Das war einfach cooler, und Philipp sollte ruhig in aller Deutlichkeit mitbekommen, dass Raul kein Thema mehr für mich war.

Lächelnd ging ich zurück auf den Balkon und setzte mich wieder.

«Entschuldige die Störung», sagte ich, «ich bin nur drangegangen, weil ich dachte, es sei Anna.»

«Stattdessen war es der Typ, der dir die Rosen geschenkt hat? Oder ist das indiskret?»

«Du hast wahrscheinlich sowieso jedes Wort gehört, also kann ich dir auch gleich den Rest erzählen.» Ich bemühte mich, locker zu klingen, war aber in Wirklichkeit schrecklich nervös. Seit wann kümmerte sich Philipp um die Männer, mit denen ich ausging?

«Musst du gar nicht.»

Enttäuscht blickte ich ihn an.

«Ich habe ja schon gehört, dass es aus ist zwischen euch, und das ist das Einzige, was mich interessiert. Dass der Kerl ein Idiot war, habe ich schon an dem Abend gemerkt, als du ganz allein im Morgenmantel den Schokoladenkuchen gegessen hast und mir das Geschenk fast auf die Rübe geschmissen hättest.» Er grinste.

«Seit wann beschäftigst du dich mit meinen Männerbekanntschaften?», fragte ich keck.

«Seit ich hier eingezogen bin.»

«Was hat das damit zu tun?»

«Charlotte», er stellte sein Glas auf den Tisch und nahm meine Hand, «bist du eigentlich immer so schwer von Begriff oder nur, wenn es um deinen Hausmann geht?»

Meine kleinen grauen Zellen fielen der Reihe nach in Ohnmacht, und ich war so aufgeregt, als habe er mir soeben eröffnet, dass er sich mit Hammerstein lediglich treffe, um Patiencen zu legen.

«Ich fürchte, nur, wenn es um dich geht», sagte ich atemlos.

«Dann wird es aber Zeit, dass wir das ein für alle Mal klären.» Er beugte sich vor, und dann küsste er mich so, wie ich es mir schon damals in Freiburg gewünscht hatte: weich und warm und zärtlich und auch ein bisschen so, als sei dies erst der Anfang einer wunderbaren Nacht.

Ich schloss die Augen und versuchte, an gar nichts zu denken. Was ein katastrophaler Fehler war, weil das natürlich nicht geht und man stattdessen auf die dümmsten Gedanken kommt. Jedenfalls musste ich, während wir uns küssten, darüber nachdenken, warum Philipp mich nun küsste. Weil der Kuss ziemlich lange dauerte, fand ich folgende Möglichkeiten:

1. weil er in mich verliebt war;
2. weil dies ein lauer Sommerabend war und er fand, das gehöre dazu;
3. weil er mit mir schlafen wollte;
4. weil er davon ablenken wollte, dass er eigentlich schwul war;
5. weil er bisexuell war und keine Gelegenheit zum Sex ungenutzt verstreichen ließ;
6. weil er mich über das Ende meiner Beziehung mit Raul hinwegtrösten wollte.

Als ahne er, worüber ich nachdachte, zog Philipp sich plötzlich zurück und sagte: «Das hört sich jetzt wahrscheinlich blöd an, aber das wollte ich schon tun, seit ich dich damals unter der Zierkirsche angesprochen habe.»

«Da hast du dir aber lange Zeit gelassen», sagte ich, wobei ich mich bemühte, meinen Mund so zu bewegen, als spürte ich nicht noch immer seine Lippen darauf. Ob er mir wohl ansah, wie verwirrt ich war?

«Du warst ja total in diesen Raul verknallt», sagte er achselzuckend, «da wollte ich nicht stören.»

Ich nickte langsam und beobachtete ihn, während er die letzten Proseccotropfen aus der Flasche in unsere Gläser goss. Na klar, das war einleuchtend. Und stattdessen hatte er sich halt die Zeit mit Hammerstein vertrieben. Hammerstein, die Warteschleife.

«Was ist, sollen wir noch eine Flasche öffnen, oder bist du müde?» Er sah mich so offen an, als hätte er mich gerade gefragt, ob ich besser rechts oder links einparken könne, doch meine kleinen grauen Zellen waren inzwischen wieder aus ihrer Ohnmacht erwacht und ließen sich keine noch so kleine Nuance unserer Unterhaltung entgehen.

Müde, müde, skandierten sie einstimmig, und folgsam sagte ich: «Ich glaube, ich bin müde.» Dabei überlegte ich, dass es sicherlich leichter ist, einander zu verführen, wenn man nicht zusammen wohnt. Dann muss man sich nicht überlegen, ob man sich erst die Zähne putzt und so tut, als gehe jeder in sein eigenes Bett, um sich dann nachher wieder rauszuschleichen und womöglich auf dem Flur zu begegnen.

«Und *wie* müde bist du?» Er lächelte mich an.

Ich lächelte zurück, und auf einmal war alles ganz einfach. «Ich glaube, nur gerade eben müde genug, um mich hinlegen zu müssen. Und du?»

«Geht mir genauso.» Dann nahm er meine Hand und führte mich in Annas Zimmer, wo ich ausreichend Gelegenheit fand, mich davon zu überzeugen, dass er nicht nur ein exzellenter Hausmann, sondern ein mindestens ebenso guter Liebhaber war.

Fünfzehn

«Ja, aber eigentlich bin ich jetzt auch nicht viel glücklicher als vorher.» Ich stöhnte. «Klar, es war wunderschön und alles, aber heute zum Beispiel war Hammerstein auf ‹Dienstreise› und Philipp den ganzen Tag nicht da. Woher soll ich wissen, dass er nicht einfach zweigleisig fährt und im Moment mit Hammerstein im Bett liegt oder die beiden womöglich in Berlin waren, um dort eine gemeinsame Wohnung zu suchen?»

Unser kleines Intermezzo lag genau 24 Stunden zurück, und ich hatte Anna angerufen, um ihr alles brühwarm zu erzählen.

«Du musst ihn zur Rede stellen», sagte sie resolut, «jetzt hast du wenigstens eine moralische Berechtigung dazu. Und wenn er nicht ein ganz großes Schwein ist, wird er dich auch nicht anlügen.»

Ich zögerte. «Und was mache ich, wenn er doch ein Schwein ist und einfach alles abstreitet?»

«Vielleicht hat er ja eine ganz einleuchtende Erklärung für alles.» Sie klang nicht besonders überzeugt.

«Da bin ich aber gespannt.»

Wir wendeten die Sache noch ein wenig hin und her, aber auch Anna musste zugeben, dass die Situation durch etwas Sex, wie sie vorgeschlagen hatte, nicht gerade unkomplizierter geworden war.

Nachdem ich gegen halb eins aufgelegt hatte, fiel ich in einen unruhigen Schlaf, aus dem ich immer wieder hochschreckte, weil ich meinte, die Stimmen von Philipp und Hammerstein aus Annas Zimmer dringen zu hören.

Am nächsten Morgen war ich wie gerädert und schleppte mich, nachdem ich mich durch einen Blick durch den Türspalt davon überzeugt hatte, dass Philipp irgendwann in der Nacht nach

Hause gekommen war und allein in Annas Bett lag, unlustig zur Arbeit. Zum Glück hatte Sascha Zeit für einen kleinen Mittagsspaziergang in der Sonne, und so flanierten wir, ausgerüstet mit zwei großen Eistüten, über die Fressgass'. «Du wirst es nicht glauben», eröffnete ich das Gespräch.

Sascha sah mich fragend an: «Philipp?»

Ich nickte und erstattete Bericht.

Sie pfiff anerkennend durch die Zähne. «Wer hätte das gedacht? Also ist doch noch nicht alles verloren! Immerhin hat er *auch* Interesse an Frauen.»

«Du sagst es. Wobei ich mich schon die ganze Zeit frage, ob mir das weiterhilft.»

Sie überlegte. «Na ja, wenn du einfach ein bisschen Spaß haben willst, schon. Wenn du natürlich den Mann fürs Leben suchst …» Sie sah mich forschend an.

«O Mann. Dich hat's voll erwischt, was?»

Auf einmal hatte ich einen dicken Kloß im Hals. Es hatte mich nicht nur voll erwischt, es würde mich ganz sicher umbringen, wenn das Ganze für ihn nur eine kleine Affäre wäre.

«Okay, Charlotte, pass auf.» Sascha schob sich den letzten Waffelrest in den Mund und rüttelte an meinem Arm. «Du wirst Folgendes tun. Du wirst eines von diesen kleinen Diktiergeräten, die wir in der Redaktion haben, mit nach Hause nehmen. Wenn er das nächste Mal abends weggeht, steckst du ihm vorher so ein Ding in die Jackentasche und schaltest es ein. Falls er nichts bemerkt – und das wird er nicht, weil die Dinger wirklich winzig sind –, wirst du dir die nächsten zwei Stunden auf Band anhören können, sobald er wieder zu Hause ist. Was meinst du, ist das eine gute Idee?»

Ich sah sie irritiert an. Dass sie kriminelle Energie besaß, wusste ich seit der Nummer mit Stephano. Aber dass *ich* davon eines Tages Gebrauch machen würde, damit hatte ich nicht gerechnet.

Denn das würde ich. Ich fand die Idee umso besser, je länger ich darüber nachdachte. Es war eine ungefährliche Aktion, die klare Fakten schaffen würde. Viel besser, als einfach plump nachzufragen. Ich würde die Kassette anhören und wissen, was Sache war. Kurz und schmerzlos.

Sascha war begeistert. «Endlich unternimmst du was. Da hätten wir schon viel früher drauf kommen sollen, dann hättest du dir womöglich viel Frust erspart.»

Und eine wunderschöne Nacht, fügte ich im Stillen hinzu. Aber darüber würde ich erst wieder nachdenken, nachdem ich die Kassette abgehört hatte.

Noch am selben Abend hatte ich Gelegenheit, Saschas Plan in die Tat umzusetzen. Ich hatte Philipp seit unserer gemeinsamen Nacht nicht mehr gesehen, und als er gegen acht Uhr nach Hause kam, hatte ich alles so arrangiert, dass er glauben musste, ich sei nicht da. Ich fühlte mich einfach nicht in der Lage, ihm gegenüberzutreten, bevor ich nicht wusste, wie er zu Hammerstein stand, und hatte mich unter meiner Bettdecke verkrochen und die Rollläden heruntergelassen. Als ich sicher sein konnte, dass er in der Küche war und zu Abend aß, sprang ich aus dem Bett und legte das eingeschaltete Diktiergerät in die Tasche seiner Jeansjacke, die er achtlos über einen Stuhl im Flur geworfen hatte. Dann flitzte ich wieder ins Bett und fixierte den Sekundenzeiger meines Weckers.

Nach 28 Minuten und 43 Sekunden war es so weit. Die Küchentür öffnete sich, dann schlüpfte Philipp in seine Jacke und zog die Wohnungstür hinter sich zu.

Ich stürzte zum Telefon und wählte Saschas Nummer.

«Er ist unterwegs», rief ich, sobald sie abgenommen hatte, «ich bin so aufgeregt! Was mache ich, wenn er etwas bemerkt und mich zur Rede stellt, wenn er nach Hause kommt?»

«Das wird er nicht», beruhigte sie mich, «drück lieber die Daumen, dass er wirklich zu Hammerstein fährt und die Jacke nicht allzu weit vom Ort des Geschehens entfernt ablegt.»

Wir verabredeten, dass ich sie wieder anrufen würde, sobald ich die Kassette abgehört hätte, und dann legte ich auf.

Während ich darauf wartete, dass Philipp zurückkam, tat ich folgende Dinge:

1. aufschreiben, was ich zu Philipp sagen würde, falls auf der Kassette nur eine kurze Begrüßung zu hören sein würde und irgendwann später Wasserrauschen;
2. aufschreiben, was ich zu Philipp sagen würde, falls auf der Kassette zu hören sein würde, wie Hammerstein und Philipp gemeinsam wie ein altes Ehepaar auf dem Balkon säßen und Rotwein tränken;
3. aufschreiben, was ich zu Philipp sagen würde, falls auf der Kassette zu hören sein würde, wie Philipp meinetwegen mit Hammerstein Schluss machen würde;
4. eine Flasche Champagner kaltstellen für den Fall, dass Philipp und Hammerstein lediglich zwei alte Bekannte wären, die gemeinsam fernsahen.

Dann begann ich zu warten.

Nach einer Stunde hatte ich die ersten zwei Chipstüten geleert. Nach zwei Stunden noch eine Tafel Schokolade nachgeschoben. Als Philipp nach gut drei Stunden nach Hause kam, lag ich mit leichten Magenschmerzen im Bett, die Aktionsliste an meiner Seite. Sobald ich hörte, wie sich der Schlüssel im Schloss drehte, knipste ich das Licht aus und atmete flach.

Ich hörte, wie er in die Küche ging. Dann ins Bad. Schließlich in Annas Zimmer.

Nun wurde ich aktiv. Ich schlich in den Flur und durchwühlte seine Jeansjacke. Das Diktiergerät war noch immer in der Tasche, in die ich es gesteckt hatte. Mit klopfendem Herzen zog ich es heraus und schlich zurück in mein Zimmer. Während ich zurückspulte, schloss ich die Tür ab und setzte mich wieder ins Bett. Dann drückte ich die «Play»-Taste.

Ich hörte: nichts.

Nach einigen Minuten fiel mir ein, dass ich vorspulen musste. Schließlich hatte die Jacke erst mal eine halbe Stunde lang bei uns im Flur gehangen. Dann noch die Fahrtzeit ... Ich spulte vor, bis ein Drittel der Kassette abgelaufen war. Dann drückte ich wieder auf «Play».

Autolärm. Aha, er saß noch auf dem Fahrrad. Ich lauschte. Irgendwann hörte ich, wie sein Fahrradschloss klapperte. Sicher der Laternenpfahl vor Hammersteins Haus. Dann Schritte. Gott, war das aufregend. Das Summen eines Türschlosses. Treppensteigen. Und dann Hammersteins Stimme:

«Komm rein, Philipp. Ich hab uns schon eine Flasche Wein aufgemacht. Es gibt gute Nachrichten.»

Fragte sich nur, für wen.

Ich hörte ein Rascheln, dann wieder Schritte. Schien so, als habe Philipp die Jacke ausgezogen und gehe nun in die Küche oder ins Wohnzimmer. Hoffentlich würden sie die Tür nicht schließen. Ich fixierte das Diktiergerät.

Schließlich hörte ich Philipps Stimme, leise zwar, aber nachdem ich das Gerät auf maximale Lautstärke gestellt hatte, gut verständlich.

«Wie ist es denn gelaufen, Wilhelm?»

«Wunderbar, mein Junge, alles bestens. Ich habe eine Wohnung an der Hand, Altbau saniert, vier Zimmer, Schöneberg, beste Lage, nicht zu teuer, die ist ab Oktober frei. Der Vermieter hat heute angerufen und zugesagt. Ich habe gesagt, ich müsste noch mit dir reden, aber dass das nur eine Formsache sei und er die Wohnung auf keinen Fall jemand anderem anbieten soll. Na?»

«Super! Das ist ja Wahnsinn. Hätte ich nicht gedacht, dass wir so schnell was finden», sagte Philipp. «Das ist ja wirklich ein Grund zum Feiern.»

Ich hörte, wie die beiden anstießen, dann eine Pause. Wahrscheinlich küssten sie sich jetzt. Ich fühlte mich, als werde mir bei lebendigem Leib die Haut abgezogen. Aber um nichts in der

Welt hätte ich das Gerät ausschalten wollen. Das hier war die Realität. Und ich würde damit fertig werden.

«Und was sagen die von der ‹Julia›?», hörte ich Philipp fragen.

«Da ist so weit auch alles in Ordnung. Den Vertrag haben sie mir heute aufs Fax gelegt. Ich denke, wenn ich nochmal mit Huggenkamp spreche und die eine oder andere Veränderung durchsetze, kann ich mich nicht beklagen. Und was das Gehalt angeht …»

Sie stießen wieder an.

Dann klackte es, und die Kassette war zu Ende. Irritiert blickte ich auf die Uhr. Hatte Sascha nicht gesagt, man könne damit zwei Stunden aufnehmen? Ich nahm das Ding aus dem Gerät und hielt es unter die Lampe. Dann kapierte ich. Sechzig Minuten auf jeder Seite. Man hätte sie nur umdrehen müssen. Schade, dass Philipp das nicht für mich erledigt hatte. Aber es reichte auch so. Ich hatte genug gehört, um mich wie eine vollkommene Idiotin zu fühlen. Hammerstein und Philipp würden zusammen nach Berlin gehen, Hammerstein zur «Julia» und Philipp auf die HdK. Und ich würde hier bleiben, in die Röhre gucken und einen neuen Chef bekommen, dessen schlechter Ruf ihm schon vorausgeeilt war, wenn man Julius glauben konnte. Na fein. Das hatten die Herren sich ja schön ausgedacht. Aber nicht mit mir.

Ich war auf einmal fuchsteufelswild. Ich sprang aus dem Bett, schlüpfte in meinen Frotteebademantel und lief in den Flur. Ich würde Philipp die Meinung sagen, und zwar gehörig. Bevor ich es mir anders überlegen konnte, hatte ich die Tür zu Annas Zimmer geöffnet und war hineingestürmt.

Philipp lag im Bett, ein aufgeschlagenes Buch vor sich, und starrte mich überrascht an.

«Du bist ja doch noch wach! Ich dachte, du schläfst schon, sonst hätte ich noch geklopft», sagte er und lächelte mich an.

Wütend starrte ich zurück. Er war wirklich ein guter Schauspieler. Gut, dass ich ihn nicht einfach gefragt hatte, was mit

Hammerstein lief. Er hätte alles abgestritten, ganz klar. Aber ich hatte Fakten geschaffen. Mir konnte er nichts mehr vormachen. Und wenn ich mit ihm fertig wäre, würde er sich wünschen, mich niemals kennen gelernt zu haben.

«Du hättest also noch geklopft, ja? Und dann? Hättest du dann wieder mit mir schlafen wollen?» Meine Stimme triefte vor Verachtung.

Philipp klappte sein Buch zu und setzte sich auf. «Moment mal. Was ist denn mit dir los? Bist du etwa sauer auf mich?»

«Sauer ist gar kein Ausdruck. Du bist für mich der mieseste, verlogenste, egoistischste Dreckskerl im ganzen Sonnensystem. Wie konntest du nur! Wie konntest du nur mit mir schlafen, wenn du gleichzeitig mit meinem Chef schläfst?»

«Wie bitte? Wie kommst du denn darauf?» Er wirkte völlig fassungslos.

«Ich habe Beweise», sagte ich kalt. «Du brauchst gar nichts abzustreiten. Ich habe alles auf Kassette aufgenommen.»

Ha! Nun würde er auspacken.

«Was alles?», fragte er verwirrt. «Was hast du aufgenommen? Und warum?»

«Ich habe eure Unterhaltung heute Abend aufgenommen, mit einem Diktiergerät, das in deiner Jackentasche steckte. Ich weiß alles. Ihr wollt zusammen nach Berlin gehen, habt eine Wohnung gemietet, und Hammerstein fängt bei der ‹Julia› an.»

Triumphierend beobachtete ich ihn. Ich war nicht die naive kleine Maus, für die er mich zweifelsfrei gehalten hatte, als wir miteinander geschlafen hatten.

«Charlotte», er lachte und streckte die Hand nach mir aus, «o Mann, das gibt's ja nicht. Wenn ich das geahnt hätte …»

«Was wäre dann gewesen? Hättest du dann darauf verzichtet, mich ins Bett zu ziehen?» Ich wusste, dass ich ungerecht war, weil ich es ja geradezu darauf angelegt hatte, aber das spielte jetzt auch keine Rolle mehr.

«Ich dachte, du hättest das ebenso sehr gewollt wie ich», sagte er ruhig, «und davon abgesehen war es wunderschön, nur um das klarzustellen.»

Ich wollte ihn unterbrechen, aber er machte eine abwehrende Handbewegung. «Und was die Sache mit Hammerstein angeht: Es stimmt, dass er bei der ‹Julia› anfängt. Und es stimmt, dass er eine Wohnung in Berlin aufgetan hat. Aber alles andere stimmt nicht.»

«So ein Quatsch. Ich habe doch die Beweise auf Kassette.» Wie konnte er so dreist lügen?

«Nein, Charlotte, hast du nicht.» Er war auf einmal sehr ernst. «Du hast dir etwas falsch zusammengereimt, was du schon ziemlich lange in Einzelstücken mit dir herumgeschleppt haben musst. Ich will dir gerne alles erklären, wenn du aufhörst, mich so wütend anzustarren.»

Er machte eine einladende Handbewegung und rutschte auf dem Bett ein Stück zur Seite.

Ich wich zurück. Ich würde mich nicht zu ihm setzen. Er würde mich nicht einlullen. Ich würde ihn hier und jetzt zwingen, alles zuzugeben.

«Da bin ich aber gespannt», sagte ich. «Du wirst verstehen, dass ich lieber stehe, bis du mich überzeugt hast.»

«Also gut.» Er überlegte. «Eigentlich ist es gar nicht so kompliziert. Ich hätte es dir nur gerne unter anderen Bedingungen gesagt.»

Oder nie, ergänzte ich im Stillen.

«Die Wohnung, von der Wilhelm gesprochen hat, soll in der Tat für zwei Personen sein. Aber nicht für ihn und mich …» Er sah mich an, doch ich schwieg hartnäckig.

«Sondern für dich und mich.» Er wurde ein bisschen rot, was mich nicht wunderte angesichts einer so offensichtlichen Lüge.

Ich verzog spöttisch die Lippen. «Wie rührend. Du glaubst hoffentlich nicht im Ernst, dass ich das schlucke?»

«Warte, bis ich fertig bin», sagte er. «Es ist nämlich so, dass Wilhelm dich fragen wollte, ob du als Ressortleiterin mit zur

‹Julia› kommst, und da dachte ich, dass du das Angebot eventuell annehmen würdest und eventuell, also … ja, dass du vielleicht Lust hättest, mit mir zusammenzuziehen.»

Ich musterte ihn ungläubig. Was spann er sich da für eine unglaubliche Geschichte zusammen? Das wurde ja immer toller.

«Natürlich hätte ich dich noch nicht so schnell gefragt, sondern erst, wenn ich das Gefühl gehabt hätte, dass du dir das auch vorstellen könntest mit mir», fügte er zögernd hinzu, «und im Notfall, also wenn du gar nicht gewollt hättest, hätte ich eben untervermietet. Aber es schien mir klüger, erst mal nach einer größeren Wohnung zu suchen. Und als Wilhelm vorgestern in Berlin war, um gemeinsam mit Theresia eine größere Wohnung zu suchen, habe ich ihn gebeten, auch für mich die Augen offen zu halten. Ich hätte auch nicht gedacht, dass er so schnell was findet. Aber hört sich ja wirklich ganz gut an, findest du nicht?» Er lächelte schüchtern.

«Finde ich nicht», sagte ich kalt. «Ich finde, dass das die dreisteste Lügengeschichte ist, die seit Münchhausen jemand erfunden hat. Warum gibst du nicht einfach zu, dass du und Hammerstein ein Paar seid?»

«Charlotte, das ist wirklich absurd. Wilhelm ist zwar mein Freund, aber auf eine andere Art, als du denkst. Er ist mein Vater.» Er lachte hilflos.

«Dein Vater! Und die Jungfrau Maria ist deine Mutter, was?» Ich glaubte ihm kein Wort.

«Ich hätte dir das eigentlich sagen müssen», gab er zu, «aber als du mir bei unserem ersten Treffen erzählt hast, dass du bei der ‹Annika› arbeitest, habe ich mich nicht getraut, weil ich Angst hatte, dass du mir das Zimmer nicht gibst, wenn du weißt, dass ich sein Sohn bin. Weil du dann vielleicht gedacht hättest, ich würde Details aus deinem Privatleben an deinen Chef weitertratschen.» Er wirkte fast schuldbewusst.

«Und warum heißt du nicht Hammerstein mit Nachnamen, wenn er dein Vater ist?» Ich würde mich einfach nur an die Fakten halten, dann würde sein Lügengebäude schnell zusammenbrechen.

«Meine Schwester und ich haben den Nachnamen meiner Mutter. Seit unserer Geburt. Sie hat nie den Namen meines Vaters angenommen, weil sie sich schon einen Namen als Künstlerin gemacht hatte, als die beiden geheiratet haben.»

«Wer ist Theresia?», fragte ich weiter.

«Die Freundin meines Vaters. Sie lebt in Berlin, deswegen hat er auch die Stelle gewechselt.»

Langsam gingen mir die Fragen aus. Und so weit ich es beurteilen konnte, war er mir keine Antwort schuldig geblieben. Widersprochen hatte er sich auch nicht. Entweder war er ein begnadeter Lügner, oder an seiner ganzen Geschichte war zumindest ein Körnchen Wahrheit.

Er streckte die Hand nach mir aus. «Charlotte, ich schwöre, dass ich die Wahrheit sage. Ich weiß, dass das alles unglaublich klingen muss, falls du wirklich die ganze Zeit gedacht hast, ich sei schwul. Aber wenn du in Ruhe über alles nachdenkst und morgen mit Wilhelm sprichst, wirst du merken, dass ich dich nicht angelogen habe. Sondern dass ich total in dich verliebt bin.»

Ich sah ihn unsicher an. Die Sache war mir aus dem Ruder gelaufen. Und ich wünschte mir nichts mehr, als dass alles so sei, wie er sagte. Doch woher sollte ich wissen, dass ich ihm trauen konnte?

Dann hatte ich eine Eingebung. «Hast du alte Fotos von dir und Hammerstein?», fragte ich.

Er lächelte. «Klar. Das ist eine gute Idee.» Dann holte er einen Schuhkarton aus dem Schrank und reichte ihn mir. «Haufenweise Fotos. Von Wilhelm, meiner Mutter, meiner Schwester und mir. Das reinste Familienalbum.»

Ich öffnete den Deckel und breitete die Fotos vor mir auf dem Fußboden aus: Philipp als Baby in der Badewanne. Philipp als kleiner Junge, mit Hammerstein beim Ballspielen. Philipp bei der Abschlussfeier des College, mit seinen Eltern und seiner

Schwester. Und dann Philipp und Hammerstein beim Segeln, beim Skifahren, beim Bergsteigen …

Auf einmal hatte ich Tränen in den Augen. Wie dumm ich die ganze Zeit gewesen war! Und wie viel Geduld er gehabt hatte! Vor lauter Verlegenheit wusste ich nicht, wo ich hingucken sollte.

«Charlotte?» Philipp kniete neben mir und sah mich an. «Alles in Ordnung?»

Ich schniefte und nickte und sah immer noch auf die Fotos und hätte mich am liebsten in Luft aufgelöst. Ich schämte mich unendlich, und gleichzeitig war ich erleichtert und aufgeregt und glücklich. Die Mischung aus all diesen Gefühlen führte zu einem Totalausfall aller normalen Reaktionsmöglichkeiten. Ich hätte

1. ihn anlächeln und mich entschuldigen können;
2. ihn in den Arm nehmen und küssen können, auf dass sich die Worte erübrigen würden;
3. die Flasche Champagner öffnen können;
4. eine Ohnmacht simulieren und darauf warten können, dass er mich beatmen würde, um dann die Arme um ihn zu schlingen und leidenschaftlichen Sex auf dem Fußboden zu haben.

Stattdessen fragte ich: «Hast du Lust, eine Runde Master-Mind zu spielen?»

Dank an Michael Allmaier, der zuallerletzt aus alphabetischen Gründen an erster Stelle steht,

an Annette Hahn und Stefanie Kruse, die wertvolle Verbesserungsvorschläge gemacht haben,

an Bettina von Bülow und Heinke Hager für gute Zusammenarbeit und professionelle Betreuung,

an Joachim Pantel vom Studio Wiegel für das Autorenfoto,

an Katharina Born, Liane Castrucci, Irmgard und Herbert Eichenauer, Erika Glöckl, Kerstin Heinemeyer, Caroline Hummel und Silke Rieks, die mir keine Antwort schuldig geblieben sind bzw. mir den Rücken freigehalten haben,

an Frank Eichenauer, der mich jeden Tag aufs Neue inspiriert,

und an Irene Hummel, ohne die Philipp und Charlotte ganz schön in die Röhre geguckt hätten.

Foto: Jens Boldt

Die weibliche Problemzone heißt Mann!

Kathrin Tsainis
Dreißig Kilo in drei Tagen
Roman
3-499-22925-0
Vicky ist nicht dick, aber sie fühlt sich fett. Sie hätte gern wilden Sex mit ihrem neuen Schwarm, traut sich jedoch nicht, ihn anzumachen. Und eines weiß Vicky ganz genau: Ihr Leben sähe anders aus, wenn ihr Bauch flacher wäre, ihre Beine straffer und ihr Hintern kleiner. Abnehmen ist angesagt. Egal wie. Hauptsache, schnell fünf Kilo runter. Denn dann kommt das Glück von ganz allein. Oder nicht?

Tagediebe
Roman
3-499-23302-9

Christine Eichel
Wenn Frauen zu viel heiraten
Roman
3-499-23369-X

Ildikó von Kürthy
Mondscheintarif
Roman
3-499-22637-5
«Ich musste eine Schlaftablette nehmen, weil Lachzwang mich am Einschlafen hinderte.» (Wolfgang Joop)

3-499-23287-1